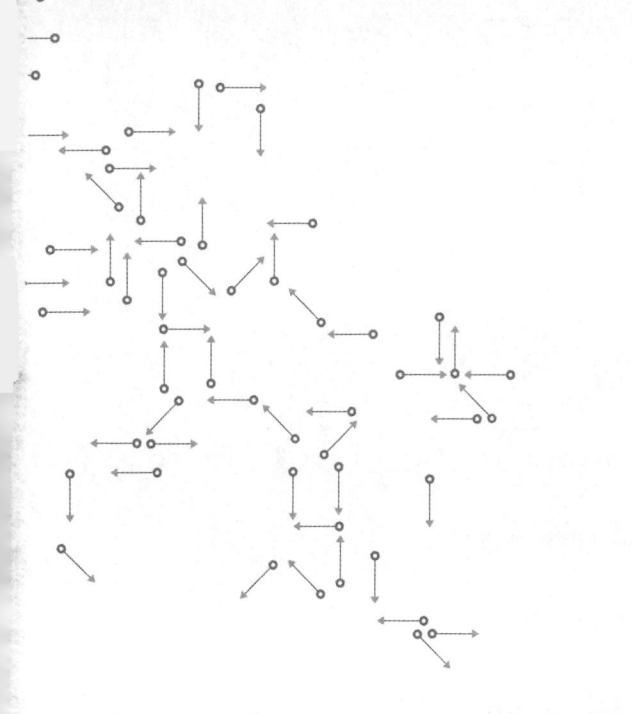

信息时代的连接、机会与布局

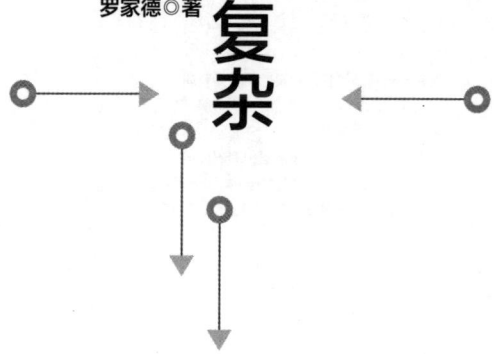

罗家德◎著

复杂

中信出版集团·北京

图书在版编目（CIP）数据

复杂：信息时代的连接、机会与布局 / 罗家德著 . -- 北京：中信出版社，2017.8（2021.5重印）
ISBN 978-7-5086-7662-3

I.①复… II.①罗… III.①互联网络－商业模式－研究 IV.①F713.360

中国版本图书馆CIP数据核字（2017）第 096888 号

复杂——信息时代的连接、机会与布局

著　　者：罗家德
出版发行：中信出版集团股份有限公司
　　　　　（北京市朝阳区惠新东街甲4号富盛大厦2座　邮编 100029）
承　印　者：北京楠萍印刷有限公司

开　　本：880mm×1230mm　1/32　　印　张：9　　字　数：126千字
版　　次：2017年8月第1版　　　　　印　次：2021年5月第4次印刷
书　　号：ISBN 978-7-5086-7662-3
定　　价：49.00元

版权所有·侵权必究
如有印刷、装订问题，本公司负责调换。
服务热线：400-600-8099
投稿邮箱：author@citicpub.com

目 录

推荐序　做"有温度"的学问　段永朝　// VII
前　言　我们要如何理解这个崭新的世界　// XV

第一部分　关系与圈子：
信息社会的底层结构

第一章
关系：被连接的社会　// 003
网络化个体主义的崛起　// 003
"变形虫组织"与网络效应　// 010
中国人的差序格局　// 024

第二章
圈子：信息时代的认同与归属　// 035
"邓巴圈"与社群经济　// 037
情感中心：圈子的内核　// 044
中国人的"往来"文化　// 048

复杂

第二部分　网络科学：
互联网时代的底层逻辑

第三章
社会网分析：研究连接之后的社会　// 057
社会网关系图　// 058
一加一不等于二　// 062
新事物如何在结构中涌现？　// 071

第四章
社会网研究的关键问题　// 081
机会来自强关系还是弱关系？　// 085
网状关系而非从属关系　// 092
社会资本来自关系　// 097
占据"结构洞"：捕捉并创造机会　// 100

目录

第三部分　自组织：复杂思维下的新治理模式

第五章
自组织：新系统的动力与秩序　// 109
蜂群思维如何发挥成效？　// 110
信息时代的自下而上　// 113
企业中的自组织　// 119
你的治理机制选对了吗？　// 127

第六章
自治理：在系统中发挥自组织的功能　// 133
从"自己人"到自治理　// 137
避免成为"乌合之众"　// 144
如何产生有序的创新力量　// 148

复杂

第四部分　复杂：信息时代的布局和取势

第七章
复杂：驾驭非线性演化的系统　// 165
认识复杂：从小社群到大集体　// 166
微信成功的逻辑　// 169
朝生暮死与永续发展　// 177
硅谷：一个强健的复杂网络　// 180

第八章
布局：信息时代的战略　// 195
"我消灭你，和你无关"　// 197
"机会"与布局　// 203
布局无闲子，蕴大局于初始　// 210
定方向与"刺猬三原则"　// 212

第九章
取势：把握复杂系统的动态平衡　// 221
强弱关系的资源转化　// 221
疏密关系管理：从寻找机会到利用机会　// 223
手机QQ：复杂系统的创新演化　// 233

结　语　// 243

推荐序

做"有温度"的学问

段永朝

互联网学者、财讯传媒集团首席战略官

两个月前,在腾讯社会研究中心举行的一次学术研讨会上,见到清华大学的罗家德教授。他从机场直接赶到会场,还没安顿停当,就从背包里拿出一部打印的书稿给我看,名字是《复杂:信息时代的连接、机会与布局》,并连连嘱托,希望我能写几句话。实话说,我算不上学术圈人，家德教授如此抬爱，令我惭愧不已。不过，出于对复杂思维这一主题的浓厚兴趣，以及先睹为快的强烈好奇心，兼与家德教授的缘分，我便不揣浅陋满口应承下来。拿到书稿，差不多半个月时间就读完了，但要动笔，却迟迟不敢。

家德教授的这部著作，涉及一个非常本土化的词语：圈子。

这个词语之所以重要有两个原因。一是社交网络的崛起。社会网络分析兴盛，令很多人以为，完全可以将这些社会网络分析的利器，用在分析中国本土文化的圈子上。这看上去没啥毛病，也可以有一堆一堆的成果，但家德教授的视角却不止于此。

家德教授试图从复杂思想的角度看待社会网，看待中国人熟稔的"圈子"。他试图钻开中国文化的深井，从半熟社会、差序结构、人情交换法则、家伦理等，来进一步审视社会网络理论，从而站在特定的中国文化语境，审视可能在底层假设上面临的挑战。

推荐序 做"有温度"的学问

在作者看来，中国的社会学分析架构也缺乏他的老师——格兰诺维特所说的"中型理论"。但建构这一理论的基础假设，却全然不是那种仅仅使用节点、连线、度分布就可以展开分析和建模的。

开篇伊始，作者就亮明态度：反对化约主义。化约主义（也就是还原论），是与西方古希腊逻各斯主义一脉相承的一种方法。从泰勒斯开始，西方先哲即提出"世界本原"的本体论问题，试图通过不断切割对象，找到支配事物构成与运动规律的那个"终极存在"。

还原论的方法，在文艺复兴之后日渐兴起的实验科学、实证科学中，的确结出累累果实，这其中包括大量数学物理方法支撑的量化分析、系统分析、动力学方程等。18~19世纪，在社会学领域也掀起了"科学化"浪潮。法国思想家孔德提出的"社会物理学"，就试图用牛顿静力学、动力学的框架，分析社会结构、团体组织、权力运作等实际问题。19世纪之后，这种精确的、量化的、确定性的、还原论的思想，在所谓人种学、优生学、民意调查、智商测试、性格分析等方面大行其道。20世纪的经济学家，更是在边际分析之后，集体陷入了数学公式崇拜征。

网络分析的方法，为20世纪社会学的新进展注入活力。家德教授在书中概要梳理了网络科学的基本概念和理论。但可贵之处在于，他希望用复杂科学的思想框架，找到某种带有"温度"和"质感"的社会学方法路径。教科书版的网络分析，已经被强连带、弱连带、机会链、结构洞、社会资本的理论占据，被度分布分析、结构分析、角色分析、演化动力学分析所占据。这里固然有一定的"复杂度"，但本质上还是冷冰冰的量化分析框架，鲜有复杂思想的影子。节点的丰富性、异质性被简化，连线成为连接的隐喻。

家德试图将网络分析和复杂科学有机地联系在一起，他找到了三个思想契合点。

第一，"嵌入"。格兰诺维特指出，经济学和社会学的关系需要逆转。传统社会学是嵌入并置于经济学的分析架构之上的。社会学家所表达的社会关系、群体组织、权力运作，其思想基础是生产关系、劳动力、土地与资本等生产要素。社会学的观察窗口被"合理合法"地嵌入到生产消费循环中，这有一定的现实合理性。但对于一个通过道路交通、电力网络、航空网络、资本网络，甚至今天的互联网、移动互联网、社交网络日益连接起来的世界，处于复杂社会连接的社会网络，正转化为理解经济活动、经济行为、政治关系、治理结构的基础设施。家德教授的思考，更延伸到东方文化土壤，试图从圈子、人脉、义利、情理的角度，发现这些连接中的"情感颜色"和"心智结构"，并将其纳入一个更加宏大的版图，作为理解信息时代社会结构、社会组织的基础。

第二，"涌现"。复杂系统的自组织过程，是一切带有生命表征的系统的特色。自组织是自洽的、自足的，是超链接结构的。2009年诺贝尔经济学奖获得者之一奥斯特罗姆，把自组织视为除了市场、政府之外的第三种组织方式和治理模式。这一模式正日益受到学界和产业界的重视。顺便说一句，我认为产业界特别是互联网界的实践，是领先于理论探索的。国内这几年发展起来的滴滴出行、小猪短租、共享单车就是明证。家德将涌现作为复杂思维的一个重要支点，与霍兰德、凯文·凯利等思想有极大的共鸣。

第三，也是家德教授的创见，他把"韬略"这一颇有东方智慧的词汇，作为理解复杂思维的一个重要条件。东方智慧对处理复杂、简单这种看上去两分的议题，从来都是游刃有余的。《周易》便有不易、简易、变易三重味道。利与害、收与放、虚与实、奇与正，这些成双成对的词语，彼此纠缠又相互依抵，处处通过玩味、察观、忖度、拿捏的"平行计算""大数据分析"，显现为知与行中的方寸韬略。家德教授以创业者为焦点，阐述审势度形、取势定向、应势而变、相机而行的道理，并与网络分析的方法论相互照应，的确别有一番意象。

这些年来，互联网思维与工业思维的争执，可谓多有波澜。但静心想一想，两种观点表面上看各执一词，实则都处在西方逻各斯主义的巢臼之内。互联网思维强调异质性、迭代、分布式、去中心，于是以工业思维为标靶，宣布工业思维落入俗套；工业思维强调秩序、确定性、理性精神、层级的合理性，于是认为互联网思维是花拳绣腿，只做表面文章。二者各自有理，因为各自假设不同。但它们其实都植根于还原论、确定性的"逻各斯"框框，是干巴巴的争论。

东方智慧如何表现？今天看还没有找到某种共同接受的符号、话语体系，也没有建构出某种超越机械论、还原论、整合整体论、系统论，真正体现复杂思维的言说方式。这是一个艰难的挑战。家德教授的这本著作，我以为意义也正在于此。

比如，在回答"如何在系统中发挥自组织"的问题时，家德教授在多年研究的基础上，将之概括为5个步骤：放权、寻找能人、赋能、礼法并治和以诚为本的诚信体系。他特别指出的"能人问题"，以及"能人悖论""能人效率"，值得在理论上深入挖掘。放权、分权、授权，如何才能"放而不乱"？如何才能因时因地，移步换景，收放自如？这些不但需要在实践中修习，更值得在理论上予以阐述。

又比如，家德教授以创业者的"布局"问题立题，进而提出复杂思维调控系统演化的10个过程，包括连接、自组织、网络结构、态势与格局、涌现等核心概念，如何将这些概念、方法在实际案例中获得印证，可以催生出一大批意义深远的研究课题。

　　家德教授所做的研究，在我看来是"有温度"的学问，我期待着家德教授的这部思想之作，给更多的同道以启迪，共同浇灌出复杂思维的绚丽花园。

前言

这样一个"黑天鹅"到处飞的时代,如何看清事件背后的逻辑?
"朋友圈"现象带给我们什么样的机会与挑战?
互联网真的带来了更紧密与更平等的社会关系吗?
作为领导者,应该如何治理复杂系统?
个人又应该在这个时代如何选择?
进入圈子,努力成为中心,还是尽可能建立弱关系,成为信息流通的"桥"?
……

我们要如何理解这个崭新的世界

2016年是"黑天鹅"到处乱飞的一年,一个新的社会与世界秩序正在形成,我们要如何理解这个新世界?

从英国脱欧、特朗普当选美国总统,到意大利公投失败,一连串的事件使得已习惯全球化体制的人们瞠目结舌,也让我们看到了一个新的社会正在诞生、新的世界秩序正在形成。远的不说,至少这是30多年来最近一波全球化的终结,包括了很多前社会主义国家和亚非拉落后经济体的全球化;中程来看,这是1945年第二次世界大战结束之后世界秩序的一次大调整;如果追究其更深远的意义,这可能是又一次全球性霸权陨落与交接的时刻。

大航海时代之后,人类迎来了第一次全球化,19世纪诞生了东西方全球连接后的第一个霸权国家——英国。19世纪末,英国受到德国霸权兴起的挑战,在政治上爆发了第一次世界大战,经济上则面对美国的挑战。英美等国在资产泡沫"硬着陆"的经济大恐慌之后开始实行贸易保护主义。贸易保护引发了德国的经济危机、希特勒的崛起,以及德国二次挑战,最终导致第二次世界大战,英国还是向美国交出了霸权。看看今天的美国,虽然赢了"冷战",但在地缘政治上依旧受到俄罗斯的挑战,经济上则受到中国崛起的威胁,这个场景是不是似曾相识?难怪特朗普高喊的口号是"让美国再次伟大",希望回到20世纪50年代那个还没有民权运动、女权运动与反战运动,初次称霸全球的美国。

但"黑天鹅"不是偶发的单一事件,其背后一定有社会、经济与世界秩序的土壤孕育，政治上早已出现端倪。在美国之外，荷兰、奥地利、日本、法国都有极右政治势力的兴起；特朗普式的政治人物早已出现，如中国台湾的柯文哲、希腊的齐普拉斯以及菲律宾的杜特尔特。为什么人们会"不再理性"？也许，身在全球化体制中的我们只是习焉不察，做着温水中被煮的"青蛙"，直到有一天，惊见一连串"大黑天鹅"飞了出来。

几个事件中的部分细节值得我们特别注意。

一是所有主流媒体，至少是"严肃的"主流媒体都被边缘化了。几乎所有的美国主流媒体都反对特朗普，对他的负面评论不断，选前民调显示，大多数主流媒体都预测特朗普当选的概率低于5%，预测最好的，也只相信他有30%的当选机会。但特朗普越过了主流媒体，发挥他"推特治国"的特点，在推特（Twitter）与脸谱网（Facebook）的"粉丝圈"中越过"中间环节"直接传播他的理念。加上他"网红"的气质、出位的言行和"不严肃地赚眼球"的战略，最后让所有体制内的人大跌眼镜。他的研究团队甚至在网上的大数据内容分析中，挖掘了一大群"沉默者"。

这些人几乎在公共视野之外，却被特朗普挑动起来重新活跃，促使他在最后关头定下战略，到各个"摇摆州"（即到最后关头还不能确定是民主党选票多还是共和党选票多的州）中"再放一把火"，赢得了这群人的选票，最终胜选。在这场大选中，新媒体与社交网站把主流媒体边缘化了，这是我们不能不重视的一个新现象。

二是新的社会"失败者"的出现。这一群"失败者"和过去所说的社会底层完全不一样，他们基本上是一群在信息化和全球化过程中渐渐被边缘化的中产阶级。从"占领华尔街"运动开始，到希腊、西班牙这些欧洲国家50%的青年失业，罢工抗议不断，一而再再而三地让我们看见了一群本该是中产幸福生活的享受者变成了愤怒的抗议者。"占领华尔街"运动喊出的口号是"99%对抗1%"，其实比较准确地说是"90%对抗10%"。今天，美国前10%的人平均拥有400万美元的资产，占据了美国六成多的财富；而后50%的人只占1%~2%的财富；中间的40%也不见得有多好，只有平均30万美元的资产，而且离中产阶级的美国梦——一个男人工作，足以养活全家，妻子照顾两个孩子，有一栋房子、两辆车子，当然还有一条狗——越来越远。夫妇两人忙碌经年，也难以保障这样的生活，更何况年轻的夫妇还在失业之中。这是一个被全球化与信息化击败的群体。全球分工带来的廉价生产与信息化带来的自动化，使他们的劳动价值越来越低，只能靠越来越长的工时去维系最基本的"美国梦"，还往往求而不得。民主政治的基石是中产阶级，当大多数中产阶级不再是"中产"时，社会剧变就临近了。如今，人工智能的时代来临，只有极少数人的工作是超越、设计、管控人工智能的，而更多人的劳动价值可能被信息化技术所取代，信息技术的成本越来越低，这些人的劳动价值也将越来越低。未来可能不再是90%对10%，而是97%与3%之间的"断裂"。

三是社会分化严重。美国前10%的人是全球化与信息化的产业精英，他们连同美国社会的底层、移民、非裔、拉美裔等，成为民主党与希拉里的支持者，而传统产业精英与逐渐失去美国梦的"中产"则成了共和党与特朗普的支持者。这和美国一直以来——共和党代表保守势力与精英阶层，民主党代表进步势力（20世纪60年代以来的民权、女权、反战与环保)与草根阶层——的情况完全不同。这次大选,不但两党几乎反目,两党之内的精英与大众其实也是不同调的。特朗普代表的极端保守力量与共和党建制派更是从选前分裂到现在,民主党年轻人支持的桑德斯势力也和民主党建制派貌合神离。美国大选前的激情分裂往往在选后社会就会愈合,但这次却不同,特朗普就职的第二天就有500万人走上街头抗议。美国社会产生了严重的分裂,而且在多数先进经济体中几乎都出现了这样的现象。全球化与信息化带来的多元力量,造成了多样的利益团体以及这些团体之间的分裂。社交网站与圈子文化更加深了同质信息在圈子内的流传,包括谣言与非理性的诉求,这带来圈子内强烈的认同以及对圈子外强烈的排斥,社会处处是断裂。社会上多样的利益诉求团体的严重分裂,成为现今世界不稳定的关键因素。

这些现象造成了原来的全球治理方式失效。长期以来,在现代化的道路上,一个治理典范涌现——集权的中央、福利国家和大政府;为了避免集权造成的危害,有行政、立法、司法与货币权的分立与制衡,民主的选举,以及全球化带来的自由贸易和区域整合。这些成为过去 70 年维持全球秩序的"标准答案"。但近年来，不但民主化进程在东欧、中东和北非遇到挫折，区域整合在欧盟和泛太平洋合作伙伴中也受到挫败，而且连建立这套国际秩序的西方国家都在背离它。这些信号更加说明，全球化和信息化的社会正在呼唤新的治理思维，不管是世界、国家还是企业、社群，都必须面对新形势、找出新治理方法。

我们要如何理解这个崭新的世界呢？

∞

我为什么对这个议题产生兴趣，说起来有三段机缘。

第一段机缘是我刚去美国读书时，读的是经济学，那时老师在课堂上讲，如果信息是完整而全面的，那么集中决策的计划经济与分散决策的市场经济会取得一样有效率的经济成果。当时国内正因为改革开放而获得了巨大的经济进步，辛辛苦苦用一堆艰难数学模型证明出来的理论和事实明显不符，只因为理论的前提假设是不完整的。信息从来不是完整的，有的是因为信息不对称，有的是因为信息具有模糊性特征，还有的是因为人的注意力限制的问题。一次偶然的机会，我到社会学系去听马克·格兰诺维特（Mark Granovetter）的课，听到社会网理论，发觉信息因为社会网结构的不同而有不同的流向、不同的流速，以及不同的流动过程。这些新知识让我脑洞大开，也让我开始了之后20多年对社会网的持续研究，并以社会网的观点研究了很多议题，包括组织管理、战略管理、风险投资、交易治理、社区建设，以及大数据社会网分析等。社会网研究中的个人网、整体网、动态网以及复杂网分析，正是全面地研究这张全球人际关系网的方法与工具。

当然，我对社会网的研究兴趣也包括信息社会的发展。第二段机缘就要到20世纪90年代后期了。那时我刚开始教书，有幸参与创建一个信息社会所，教授的正是信息社会的社会学与管理学。那时互联网刚刚兴起，电子商务大行其道，大批预言家预言：无纸时代到来了，人们将实现远程办公，所以人们会住在乡野桃源中，大城市因此解体；互联网会创造更平等的社会，共享时代人们将紧密相连，权力去中心化，民主、自由百尺竿头更进一步……好一派互联网带来的"乌托邦"景象。当时，曼纽尔·卡斯特（Manuel Castells）刚刚写完其预测信息时代的三本巨作[①]，我也拿这三本书作为我授课使用的教科书，里面很多观点都在21世纪一一实现。比如，他预测"城市不但不会消亡，反而会成为巨型城市"，看看今天我们的"珠三角"城市圈、"长三角"城市圈以及京津冀一体化，正好验证了这个预言。又比如，他预言"互联网并不会带来紧密的社会网以及更平等的权利，而是会产生很多圈子，认同的力量会崛起，甚至大圈子会形成相争的派系"，看看今天文明的冲突以及极端宗教组织"伊斯兰国"（ISIS）利用互联网的所作所为，我们不得不佩服卡斯特的预言。

为什么他的预言如此准确，并被誉为信息时代的"马克思"？他掌握了什么秘密，能够直指信息时代的核心？让我从自己最推崇的《网络社会的崛起》这本书的书名说

---

① 文中提到三本巨作分别为:《网络社会的崛起》(*The Rise of the Network Society*)、《认同的力量》(*The Power of Identity*) 和《千年终结》(*End of Millennium*)。

起。顾名思义，信息时代的特质就是网络社会，这是一个由全人类连接形成的网络结构，而不是像现代工业社会那样，是利用层级组织来管理"原子化"的个人。

"连接"，当然指的是社会性连接，也就是我们中国人所说的"关系"，而非物理性连接，这正是信息社会的本质。当72亿人连接在一起时，会是一个什么样的社会网络结构？由此思考，卡斯特便掌握了关键的分析工具。比如，虽然电子文件所占比重越来越大，但人类的信息量却数十倍地增长，所以纸质文件不减反增，耗纸量只会增加。同样，电子化互动所占比重虽然越来越大，但人类的互动量却数十倍地增长，所以面对面互动的需求不减反增，人们因此离不开群居的模式，反而更向大城市集中，再加上远程互动的辅助、市郊化的趋势，最终带来巨型城市的兴起。

第三段机缘是应社会网学派先驱巴里·威尔曼（Barry Wellman）的邀请，我为其新书《超越孤独：移动互联时代的生存之道》写中文版序言时，学习到他以"网络化的个体主义"为信息社会下了定义。我们再次看到，"连接的"（connected）、"网络化的"（networked）是解开信息社会之谜的钥匙。我将在本书第一章中详细谈论《超越孤独》这本书以及信息社会的连接性。

威尔曼带来的启发就是，互联网即社会网！

人类的重大改变常与人类的连接方式相关，如果我们再以"上帝之眼"鸟瞰全球人际关系网络图的动态变化，原本只有面对面互动而存在的亲缘小团体，因为符号的出现而有了跨时间与一定空间范围内的弱连带。随着文字的出现，这些小团体开始"自组织"出更大范围的小型子系统，子系统间也有了一定的连接。文字与组织带来了水利工程、大型定居聚落与城市，于是大型子系统出现，系统之内开始有较紧密的连接与较频繁的互动，系统之间也有了或弱或疏的连接。"车同轨、书同文"与"条条大路通罗马"又把这些大型子系统组织成巨型子系统，巨型子系统内有了足以使系统不散架的连接。大航海时代，第一次全球社会网系统成形了。当然巨型子系统间虽然有了少量的弱连带，却还是一个十分松散的全球系统。随着火车、汽船等机械化运输工具的出现，这个全球系统内部在巨型子系统间有了越来越多、越来越强的"桥"，而电话、电报与飞机、汽车的出现,使得全球真正形成了一张复杂网。

互联网的出现使这张网更加紧密,人类第一次大量出现超越空间距离的社群,在社群内也有大量多向的互动,这是过去超越面对面互动的电话、信件、电报都办不到的。但是这张全球人际网络图却不是均质的。语言与文化是阻碍连接的第一大力量,所以有了几个相对连接较紧密的巨型子系统;又因为政治体制与区域整合,所以有了国家、区域联盟等;子系统之下又有第二层的大型子系统,因地理、兴趣、行业、职业等的区隔,所以有了城市社群、全国性社群、大型组织等;在这些大型子系统中区分出一个又一个小型子系统,如组织、社群、社区等,层层分化,最后变成成千上万甚至上亿个"朋友圈"。

圈子内总是连接最紧密的,圈子之间或密或疏、或强或弱地连接在一起,于是"自组织"成一个小型子系统。同样,小型子系统内连接较紧密,而子系统之间或密或疏、或强或弱地连接在一起,又"自组织"出上一层的大型子系统。在鸟瞰图中逐渐拉远,又可以看到层层的自组织终于连接成一个个巨型系统,最终形成一张全球网络。科技总是源自人性。信息科技一方面创造了人们互联的需要，另一方面在互联中人们会抱团以寻找归属感，因此创造了大大小小各类群体的认同和圈子力量的兴起，以至在被互联网连接的世界中处处都是大小圈子与结构洞[1]，即互联的同时又产生了聚群，甚至聚群间的相斥。

我们要如何分析这张网？如何观察它的动态演化？如何预测它的未来变化？换言之，我们要用什么样的概念工具去重新理解这个新的世界？去理解这样一张动态变化的复杂网？本书提出了4个概念工具——关系、圈子、自组织与复杂。

关系谈的是人与人的连接，这是一种属于中国人的特殊的连接方式。

圈子谈的是一群人的连接，产生了一种连接的模式。

自组织指的是这群人连接后，在互动中维持秩序的治理机制。

---

[1] 结构洞（structural holes）是知名社会学家罗纳德·博特（Ronald Burt）提出的理论，是指一张社会网中各个圈子间的桥，也就是连接两个圈子间的人很少，整张网的结构中就好像有一个大洞。

复杂

复杂指的是因自组织而形成的一个特殊的系统形式。

∞

本书分成四部分。

第一部分"关系与圈子：信息社会的底层结构"谈的是全球化与信息化在经济社会上造成的大变局。

第一章分析关系。关系是复杂系统中网络构成的基本单位，也就是人与人之间的连接，从巴里·威尔曼的《超越孤独》谈起，讨论移动互联的社会中"互联网即社会网"的现象，以及这个社会的生存之道。中国自古以来就是关系社会，重视连接，关系现象十分复杂。如何在新社会中认识中国人的关系层次与运作之道，是这一章讨论的重点。

第二章分析圈子。最小的圈子是社群，一群人因连接而形成固定、紧密而持续的网络。本章谈到信息时代的朋友圈，以及在圈子经济中的价值，同时也谈到圈子如何定义、如何建立，以及中国人的圈子经营之道。

第二部分"网络科学：互联网时代的底层逻辑"讲述

这些概念的理论来源——社会网理论。这样一套分析世界的思维绝非凭空而降，和一些强有力的概念，比如"文明的冲突""第三条路"等不同，它发展出一整套数理分析方法，包括大数据分析，建构出一套完整的理论架构，并提出一个又一个中层理论及数理模型，可供资料验证其理论假设，所以成为社会学、管理学和传播学中的显学。

第三章先讨探社会网研究的基本理论架构、分析现象的角度，以及它和复杂系统与复杂思维之间的关系，随后谈到格兰诺维特的阈值模型，点出复杂系统中涌现集体行动的逻辑和系统非线性演化的思维。

第四章简明扼要地介绍了几个社会网的重要理论，包括"弱连带优势理论""镶嵌理论""社会资本理论""结构洞理论"，以一窥社会网理论的主要发展情况，以及4个分析概念——关系、圈子、自组织与复杂的来龙去脉。

第三部分"自组织：复杂思维下的新治理模式"谈论信息时代复杂社会的一种主要治理模式——自组织。由上而下的权力控制、组织原则与法律规章当然会重塑人与人之间的关系，但是一个人不喜欢谁、喜欢谁却很难管控。

所以从关系建立起圈子，从圈子连接出子系统，从子系统整合到整体系统，大多是自组织的力量。

第五章介绍自组织的概念，以及自组织作为一种与市场和层级并立的治理模式如何在信息时代中发挥作用，同时比较三种治理机制的不同之处以及适用范围。

第六章则介绍自组织的过程。一群人如何形成一个自组织，发展出自治理机制，从而建立起持续发挥创意与积极行动力的社群。作为一个系统的领导者，如何建立一个让自组织发挥力量的环境，并引导自组织不要成为派系、山头的"负能量"群体，而要成为和系统协作良好、合作共赢的正向力量，是本章的重点。

第四部分"复杂：信息时代的布局和取势"主要谈论什么是复杂系统。

第七章介绍复杂系统、复杂网与复杂思维下的管理，以及这种思维背后的哲学性预设，并以硅谷这个强健的复杂网络为例，介绍了如何以复杂思维分析硅谷作为一个系统的优势。最后谈论了复杂系统的动态发展，以及调控这一系统的治理手段。

第八章探讨了一个复杂系统在建立之初应该如何布局。布局和战略不同，它不是认定一个既定目标，调动资源完成战略目标的过程，而是在一个有很大不确定性的环境中掌握机会、利用机会、动员资源，建立一个可持续系统的过程。正如围棋的定式，在几个落子中奠定大势，在几个飞子占关键部位时，取得未来胜局的先机。

第九章讲述取势。在一个系统的建立过程中，如何审时度势、应势而作、趁势而起、顺势而变，以四两拨千斤的管理艺术促成一个系统的顺势发展。在平衡态时，掌握系统内多元势力的平衡，掌握系统的拐点，并做必要的调控，动态地保障系统的可持续性发展；但在非平衡态时，则要具备创造性破坏的能力，促成系统转型。

当我们以复杂思维鸟瞰的方式去分析"连接进化"的世界时，看到的是一张72亿人因关系而结成的社会网，是一群人因关系强且网络紧密而自组织成的圈子。圈子自组织出一个个的小型子系统，如社区、社群、粉丝群、协会、企业、组织等，子系统又自组织成大型的子系统，如城市、产业、生产价值链、族群、利益诉求团体等，进而有了巨型的子系统，如国家、经济体、区域整合等，最后集结成全球系统。这张网横向看，人与人之间如何建立起关系，又如何切断了关系？网络的结构是什么？密群在哪里？群间的结构洞有多大？子网和子网之间如何分、如何合？纵向看，这个网如何变化？变化的因素是什么？变化之大势在哪里？趋势的进展与顿挫中的拐点在哪里？系统是在平衡态中还是在非平衡态中？

  关系、圈子、自组织与复杂这4个概念将帮助我们以这样的思维来了解被互联网"连接进化"的新世界。

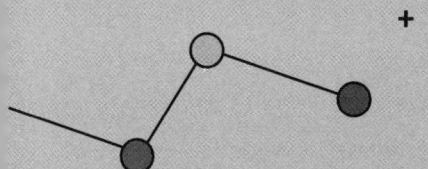

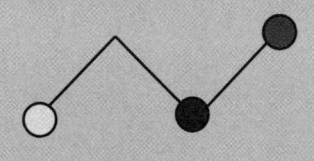

第一部分 关系与圈子：
信息社会的底层结构

第一章

关系：被连接的社会

网络化个体主义的崛起

2007年12月3日清晨，当特鲁迪·约翰逊-伦茨（Trudy Johnson-Lenz）在暴雨中走回房屋时，她跌倒在门前的台阶上。她的头猛烈撞击到一块石头上，之后便失去了意识。她的丈夫彼得（Peter）试图扶起她，但是并没有成功，他立刻拨打俄勒冈州波特兰紧急救护中心的救助电话。早上8点，特鲁迪已躺在俄勒冈健康和科学大学（OHSU）的手术台上，她的颅腔中充满了血。为了给她的大脑留出足够的空间,神经外科医生清除了她颅腔中的积血。彼得说,一般而言,像她这种情况的病人,存活率约为50%;即使幸存下来,有3/4的人也会终生残疾。然而,奇迹出现了,特鲁迪仅仅在手术后12个小时便开始康复了。

在特鲁迪走下病床之前,彼得用手机给她拍摄了一些照片,记录下了她那层层包裹、紧缠绷带的头部以及呼吸导管。他在半夜12点,将这些图片和整个事故的过程发给了一些朋友,并收到了很多温暖的回应。当他的朋友转发了有关特鲁迪的信息之后,在36个小时之内,整个北美有近150人给他发来了邮件。人们发来诗歌、爱的祝福和鼓励以及能够提供的帮助和祈祷。这些信息大多数都发送到了彼得的电脑上,一些紧急的和与物流相关的短信息则发到了他的手机上。

在接下来的两天,当地的朋友们纷纷前来提供帮助。约翰·斯塔普(John Stapp)来自医院,他给彼得提供了一份午餐,并且为这对夫妇安排了一个当地送餐服务。迈克·西利(Mike Seely)是美国西北太平洋迁移银行（PNTB）的一名主管，他向这对夫妇引荐了一位医院的社工，这名社工准备教彼得一些如何准备保险、账单和金融援助的小技巧。马丁·塔尔（Martin Tull）和查克·恩赛因（Chuck Ensign）为了特鲁迪的安全，忙前忙后地帮助他们整理房子，一旦她出院，便可重新入住了。

这是巴里·威尔曼《超越孤独》一书的开头讲述的一个故事，用来说明信息社会中人人互联的实况。

威尔曼是社会网学派最有名也最值得尊敬的先行者之一，更是在信息化时代里第一个看到社群网站、社交网络重要性的先知。当一个个互不搭理的"低头族"低头的时候，他们的人际关系不是被"原子化"了，而是在另一个虚拟空间中被串联成了社交网络，并结合为网上的社群。威尔曼不只在理论上提出如此洞见，更在研究上成立了加拿大多伦多大学网络实验室，招募了一群优秀的研究者在此领域披荆斩棘、开创天地，同时培养出了很多优秀的学生。

复杂

这本书最重要的思想贡献之一是提出了"网络化的个体主义"[①]的概念。三大革命——社会网革命、互联网革命与移动互联革命——相互交织,为人类的社会生活带来革命性的变化。人们的关系来源与社群结合的模式变了,不再局限于传统的社群,如家庭、教会、小区和职场之中,而是有了更广阔的网上互联空间。不同的兴趣、话题、知识领域、共同记忆等都能形成网上社群,所以,一个人可以有很多圈子,组建出以个人为中心的社交网。随着关系内容与结构方式的改变,一个人的工作、家庭、信息传递模式、创新方法——包括内容上、知识上、产品上、商业模式上乃至制度上的创新,都在发生着深刻的改变。个人因此成为网络化的个人,一方面他们较少受限于传统的社群,有着更高的主动性;另一方面他们又身陷各式各样的圈子中,在其中获取资源、寻找情感支持和发展个人生涯。

那么,"网络化的个体主义"有哪些特征?和西方过去的个体主义社会又有什么不同呢?

[①] 这里的网络化指的是社会网,而不是互联网,互联网是让社会关系网络化的新工具。

在威尔曼讲述的故事中，特鲁迪和彼得面对人生危机之时有90人为他们提供了帮助，其中只有20人是他们的家人或亲密朋友，也就是强连带；其他还有大量的弱连带。彼得和特鲁迪合作建立了一个讨论爵士乐演奏家库特·艾灵的网上论坛，被称为"P（彼得）+T（特鲁迪）社交网络"。在得病期间，尤其是彼得因照顾妻子太辛苦也轻微中风时，他们的网络社群朋友又建立了一个互助社群，大量的弱连带就来自这样的网络社群。还有一些是特鲁迪和彼得从未谋面的人，但他们不是陌生人，多半是朋友的朋友，也加入了帮忙的行列，这些人可以称作"间接连带"。

特鲁迪和彼得在接受访谈时谈到了他们的经历和父母辈的人有哪些不一样：

第一，父母辈的人大多生活在很固定的社群中，比如地方教会组织、社区协会、职业团体、办公室同事以及保龄球俱乐部中，而特鲁迪和彼得则在经营自己的网络朋友圈以及参加别人的圈子中积累了大量的人脉，形成了自己的社交网络。

第二，父母辈的人很少会从他们的社交网络中求取什么资源，而个体主义社会中的个人是相当独立的。特鲁迪

复杂

和彼得在刚开始时也十分犹豫要不要向朋友求助，而第一封向大家募款求援支持他们医疗费用的信，还是一个朋友金泊尔发起的"让爱传回来"活动。正如他们所说："在朋友们的帮助下，我们的生活才能过下去，但是我们首先得提出寻求帮助的请求，而这对于我们而言是个巨大的挑战。"特鲁迪和彼得如今知道了朋友圈的力量，而且心悦诚服地在有效地动员这样的力量。

第三，特鲁迪和彼得懂得要花很多的时间和精力去经营这样的个人社交网络。诚如他们所说："在当下的技术环境下，管理这样一个社会网络多多少少都是一种挑战，需要耗费相当的体力和精力。因为，我们要选择使用何种网络工具以及什么时候使用；要创造、补充、更新以及维持邮件列表清单……在社会方面，我们需要弄清多长时间要做更新、更新到什么程度以及采用什么样的照片……"经营个人的社交网络成为信息社会中重要的工作，这对他们的父母辈而言还是不多见的。

第四，特鲁迪和彼得在互联网上创建并努力经营着自己的朋友圈，同时也会加入别人的朋友圈。在这个过程中，他们经营出一张以自我为中心的个人社交网。

威尔曼这样总结道：信息时代的个人越来越网络化了，而不是嵌入在社会类属中，信息与通信技术打破了家庭与工作间的界限，也打破了私人领域与公共生活的界限。

我特别以一个发生在美国的故事作为第一部分的开场，并以美国人的访谈来说明令他们惊讶的事情，更以威尔曼的理论加以诠释这些新现象。但如果这个故事发生在中国，大多数人可能并不会惊讶，反而会说，"中国人不是一直都在这样做吗？"——努力地经营自己的人脉圈子；需要时会向朋友求助，必要时也会还人情；经营自己的圈子，别人会来捧场；也参加别人的圈子，捧别人的场。

社会网结构正是由人们的关系连接而成，所以，要了解复杂社会、复杂组织运作的道理，首先要分析社会网；要分析社会网，首先要分析人与人之间的关系，即人们为什么与某人建立关系？为什么与某人切断关系？为什么加入某个圈子？为什么组建自己的圈子？为什么发展一个社群或协会？可见，"关系"是信息时代网络社会的最底层结构。

复杂

"变形虫组织"与网络效应

网络式组织的优势：弹性与专精

在信息时代，不仅个人的生活被网络化了，工作与组织也会越来越网络化。

20世纪代表性的生产方式是泰勒化生产线：成千上万的员工在一条生产线上工作，林立的烟囱、庞大的厂区，以及源源不断地生产出标准化、规格化的产品，成了现代国家、现代工业的标准景观。泰勒化生产带动了科学管理的风潮，工作被不断地细分，细分到单一动作反复操作，操作标准化、整齐化，并写成公司规章与员工守则。技术工人变成生产线上的机器人，重复而标准地进行着相同的操作，看不见生产出来的成品，也感受不到努力工作的成果。这种越来越细分、越来越标准化的分工方式，自然引起了人性化管理的反弹，也不被追求自我实现的知识工人所接受，于是新的生产方式、分工方法应运而生。

后工业时代的社会变迁为外包生产方式提供了温床，使这群自雇者或在家工作者的人数节节攀升。迈克尔·皮

第一章 关系：被连接的社会

奥里与查尔斯·萨贝尔在其著作《第二次产业分工》(*The Second Industrial Divide*)中指出，大量生产、大量消费的生产方式适用于大科层组织，但分众生产、破碎市场则是小型有机组织的天下。自石油危机以来，大量生产、强调规模经济效率的生产导向式工业经济陷入极大的危机之中，原材料、能源的匮乏，再加上已开发经济体国内市场的饱和，使得原本主导现代经济的多部门、多功能、垂直整合型大企业，忽然失去竞争优势，而不得不寻求新的出路。比如，有的走向海外扩展第三世界市场，有的则走向弹性专精的生产方式，著名的例子有德国的特殊材料产业、意大利的时髦服饰及皮制品产业，以及美国的高科技产业。在消费者导向的时代里，一方面服务业蓬勃兴起，以更好地服务个人需要；另一方面制造业以少量多样的生产方式，有弹性地追逐多样且多变的"个性化消费"。在生产自动化时代，小批量、多式样的生产方式也具有竞争效率，所以弹性专精的生产方式渐渐成为市场趋势，成为小型企业与外包体系的天下。

外包是弹性专精生产方式中的重要一环。任何企业运作都需要分工与整合，只是后工业化时代的企业为了弹性且专精的生产，不再把工作越分越细、越分越标准化，然后在一个屋檐下的一条生产线上加以整合，而是先把工作分成可以外包的、独立且完整的任务，再分包出去，最后在任何地点加以整合。随着市场的变化，外包组合可以有弹性地加以调整，生产出新的产品，以捕捉瞬息万变的商业机会。

依靠战略联盟及外包体系构建出来的网络式组织，正逐渐取代科层式大型组织，成为后工业化企业组织的典型。支离破碎的市场、弹性专精的生产、快速变迁的科技以及层出不穷的新产品，使得20世纪80年代以后的大型企业纷纷"重构"，逐渐走向扁平化、小型化、弹性化和专精化，也使得小型公司如雨后春笋般在很多变化万千的市场中崛起，甚至征服了大多数未来产业，如电子业、信息业、特殊材料业、生化科技业等。经济组织的分权化与弹性化，甚至被城市规划学者安娜·李·萨克森妮亚（Anna Lee Saxenian）认为是旧金山的硅谷在高科技大战中击败波士顿128公路区①的主要原因。一方面,小型经济组织在时代趋势里有了新的"利基"②,外包生产体系为它们提供了大量的市场机会,有了不受大企业挤压的开阔空间;另一方面,知识工人取代蓝领工人成为工作的主力,他们追求生产决策权与工作自主权,有些人以其技术成为独立包工,或组织专业服务公司,或经由授权成为大公司的加盟伙伴,或经由外包成为中心厂的卫星工厂。于是,两方面的配合使得后工业时代的小型企业或自雇者数量迅速增加。

自20世纪60年代以来,这种组织与工作网络化的趋势便已成形。美国的营业单位自1958年的1050万个扩充至1980年的1680万个。这些单位中大多数是一两人的小公司。1000万个公司中,900万个是一人公司,100万个

---

① 波士顿128公路区的真正兴起发生在第二次世界大战之后,美国政府为了"冷战"和空间军事竞争的需要,投巨资进行军事技术开发,通过引导资源流向,使大部分资金落入128公路附近的公司和麻省理工学院实验室手中。经过20年的发展,该地区成为美国首屈一指的电子产品创新中心。但20世纪80年代后,该地区经历了市场转向小型个人电脑的巨大冲击,开始落后于硅谷。——编者注

② 利基(niche),商业用语,是指针对企业的优势细分出来的市场。这个市场不大,而且没有得到令人满意的服务。——编者注

是合伙企业，其中70%是年营收在5万美元以下的小企业，甚至有560万家公司的办公室就在公司创办人家里。80年代期间，中小企业不但在数量上继续增加，在质量上也得以改良，它们解决了1900万人的就业问题，而同一时期美国制造业的500强企业却减少了370万个劳动力。美国大公司的影响力在1979年达到最高峰，500强企业的销售总额达到美国GDP（国内生产总值）的58%，但到了1989年，这个数字已经下跌到42%，而大型企业的力量还在继续衰退中。[①]

除了小企业与自雇者之外，在家工作者把工作搬回家，也是外包工作体系的重要一环。他们有的是兼职的独立包工，有的则是受雇但可以独立工作的技术人员。一方面，在经济组织追求弹性化与专精化的过程中，外包可以使生产更具弹性；另一方面，知识工人则逃避朝九晚五的生活方式，希望有弹性的工作时间与自主性高的工作方式。信息科技终于满足了他们，使得他们不再需要改变自己以适应大科层组织，而是改变工作方式来适应自己。比如，有

---

① 数据引自美国税务局（Internal Revenue Service）的《美国收入统计》（Statistics of Income, U.S.）。

第一章　关系：被连接的社会

人把计算机程序带回家写，有人兼职顾问或咨询业务，有人则在工作之余从事多层次直销、房地产经纪等。包一些业务回家做渐渐成为现代劳动者的普遍现象。1991年的数据显示，美国有190万非自雇人员以在家工作为主，另外兼职的710万劳动者中，约有230万人（占1/3）在家兼职；而现在的在家工作者据估计可能会高达1000万~2000万人。拜信息科技所赐，在家工作者增长速度惊人。①

不管是组织之间形成的网络，还是组织作为平台形成的内部团队网络，网络式组织都是运用弹性专精生产方式最有效率的组织方式。有管理学者将这一新组织形态称为"虚拟企业组织"（virtual corporation），强调其快速、弹性的市场反应能力，可以生产虚拟产品。还有人称之为"变形虫组织"，强调它结构的弹性与可变性。顾名思义，它可以像变形虫一样随时改变结构形态，结合不同的外部或内部伙伴以适应市场的不同需要，可以弹性地满足多样化消费。

---

① 数据引自美国税务局（Internal Revenue Service）的《美国收入统计》（Statistics of Income, U.S.）。

复杂

关系网带来的"网络效应"

关系网在信息社会具有强大的增值性,应将这种增值能力运用到最大化的商业模式即当下的"平台商业模式"中。简单地说,就是连接两个或多个特定群体并从中盈利的商业模式。区别于过去传统的垂直竞争战略,互联网时代的平台型企业已显示出赢家绝对通吃的超级力量,其主要原动力就来自对"网络效应"的实现。

中欧国际工商学院的陈威如教授在《平台战略》[①]一书中提到,平台商业模式的特点,就是利用群众关系来建立无限增值的可能性。学术界称此现象为"网络外部性"或"网络效应"(network effect),又称"需求方的规模经济"(demand-side economies of scale)或"需求方的范围经济"(与"生产方的规模经济"相对应),指产品价值随着购买这种产品及其兼容产品的消费者的数量增加而不断增加。例如电信系统,当人们都不使用电话时,安装电话是没有价值的,而电话越普及,安装电话的价值就越高。网络传媒、

[①] 《平台战略》一书已由中信出版社于2013年出版。——编者注

航空运输、金融等行业普遍存在网络效应。

在移动互联网时代,强网络效应主要体现在三个领域,即社交网络、多人游戏和传感器网络。脸谱网、微博、微信等社交平台快速成长的原因,正是在于捕捉到了这种网络效应。脸谱网网络效应的核心是用户在网络中分享和发表内容这些基本的行为,通过人与人之间的关系不断增值,而移动互联网的快速成长加速了这一进程。打开手机,我们会发现,许多原本不具备社交功能的软件应用,都已经或正在开发社交功能,也是在试图利用网络效应带来用户增值。多人游戏是让玩家和其他玩家共同参与的游戏。当一个新玩家加入,现有的玩家也会受益。和脸谱网形成的朋友圈类似,多人游戏中会产生游戏圈子。这类游戏圈子的黏性非常高,随着玩家等级的提高,玩家之间的联系也越来越紧密。以谷歌地图为代表的传感器网络,每一个App(应用程序)都获取数据,同时也上传交通数据。人们为了了解总体的交通状况以及每条线路的情况,都很乐意分享自己所在区域的交通状况,每一个App既是信息的生产者也是信息的消费者。

复杂

一个平台生态圈若拥有许多不同的建构群体，则可被称为"多边市场的连接体"。存在于这些群体之间的多重网络效应不断为彼此注入强大的增值力量。在单边市场中，传统价值链流动都是单向的——从成本到收入；而在一个双边市场中，供需双方都有成本，又都获得收入，因为平台为双方提供服务时，既付出成本也获得收入。一些近几年大热的O2O（线上到线下）商业模式，就是典型的双边模式平台，从最初的eBay（易贝）、淘宝，到Uber（优步）、滴滴、美团、Airbnb（爱彼迎），这些平台企业找到连接供给和需求的契机，引发出积压已久的网络效应。同一市场内的双方具有相互依赖性，在正网络效应的作用下，平台对于任何一个用户群体的价值，在很大限度上都取决于网络另一边用户的数量。平台对网络双边的用户需求匹配得越好，价值就越大。因为网络效应的影响，成功的平台将享有递增的规模收益，用户愿意为规模更大的网络支付更高的价格，因此，用户基数越大，平台的预期利润率也越高。

在具有网络效应的产业，"先下手为强"和"赢家通吃"是市场竞争的重要特征。由于收益递增的存在，双边（或多边）市场行业集中度很高。居领先地位的平台会利用高利润率优势，加大研发投入或者降低服务价格，进一步蚕食剩余市场份额，最后形成自然垄断。近几年来，这些行业的兼并活动层出不穷，如 2000 年美国在线兼并时代华纳，而最典型的例子是滴滴和快的的合并、滴滴对 Uber 中国的收购。传统的兼并研究虽然已经对企业兼并行为进行了较为深入的探讨，但是大多数研究并没有明确考虑网络效应的影响。目前，网络效应环境下的企业兼并研究才刚刚起步。

网络效应的简单定义就是经济效益外部溢出效用不但是正的，而且可能是递增的。这完全超越了过去经济学中稀缺性的假设——一个市场中的供应是有限的，加入的人越多，给别人带来的效用是会递减的。双边市场连接也不是始于今日，最早的例子是广播。听广播的人越多，就可能给广播电台带来更多的利润，就会吸引更多的业者成立新的广播电台，于是电台也会提供更多的阅听内容，进而吸引更多的听众，市场双边相互受益。每一个听众、每一个电台的加入，在市场没饱和之前都是别人的福音，在增加自己的效用的同时，也增加了别人的效用，这就是网络效应。

只是在过去，我们很少想到整个广播界或整个电视界是在一个平台之上，因为这个平台有国家的标准、有分配频谱的机制，以及生产收音机、电视机的众多工厂。那个平台我们习焉不察。但在信息时代，互联网改变了一切，一个又一个的平台冒出来，企业或公益组织就能创建出一套产业标准，维持着平台上供需双方的交易秩序。一个平台吸引的人越多，大家的参与就越能带来别人的效用；平台越大，参与者分享的价值就越高。一个产业之内还可能有好几个平台，各自制定自己的产业标准，形成平台间的竞争。互联网带来的网络效应正在颠覆每一个产业。

网络化的组织与管理

平台型企业就是一种网络式组织，因为一个平台上有成千上万的参与者，它们围绕在平台经营者旁边相互连接，形成了一张复杂网，共同创造了巨大的价值。网络式组织呼唤着新的管理方法。

很多学者很早就看到信息时代的巨变，并开始探寻未来的组织形态以及新的管理哲学，彼得·德鲁克（Peter

Drucker）首发其凡，称新组织形态为"知识性组织"或"信息化组织"，强调新型组织以知识为生产工具，并以信息科技串联知识性工作为特性。他又将新组织比喻为"交响乐团型"组织，着眼于它的网络结构与专业特性。查尔斯·汉迪称之为"三叶草"组织，着眼于它有着核心与外包的结构，即既有专精的核心业务，又有周边的弹性动员机制。彼得·圣吉则称之为"学习型组织"，强调新组织能够自我学习新知识以获取自我成长的能力。不管这种新组织怎么被称呼，网络化与信息化都是其核心，网络式组织正是这种新组织形态最通用的学术性称谓。诚如卡斯特在其探讨信息社会的著作《网络社会的崛起》中所言：

> 近来的历史经验已经为信息化经济的新组织形式提供了一些答案。这些答案的共同基础就是网络……它是企业的一种特定形式，其整套工作方法是由各部分的自主性目标系统所交织而成的。

信息化企业要建立客户网络，以便客户加入生产决策；要重视顾客关系管理（customer relationship management），因为争取一个新客户的成本是让老客户再次购买的成本的5倍,好的客户关系网络才是企业利润的保证。

信息化企业要建立经销商网络,以掌握市场信息与快速反应配销方式。

信息化企业要建立供货商外包网络,以保证实时而弹性的供货。

信息化企业要建立战略联盟网络,以随时争取有用的战略资源,快速地扩大市场占有率,或延伸产品、服务的内涵。

信息化企业更重要的是要建立内部组织网络,以管理知识工人执行弹性生产。知识工人或为独立外包工作室,或组成工作团队独立作业,这些都不是科层管理原则所能监督控制的,取而代之的是网络式企业的管理方式。追根究底,组织信息化的企业再造工程,就是工作团队与外包厂商都需要组织网络化加以整合——外部网络化以建构外包系统,内部网络化以管理知识工人。

正是因为这样的组织网络化过程,使得西方管理学界重视"人的治理问题"甚于"事的管理问题",因而有了从彼得·德鲁克到吉姆·柯林斯一连串的管理思想的大变革，也使原本就围绕在管理网络式组织的中国人的治理智慧与西方管理学相呼应，让我们看到中国人的治理智慧与时俱进的发展前景。中国人最擅长的"御将之道"，也就是建构网络式组织与网络的关系管理，虽然是中国人的传统智慧，却与时俱进，在现代管理学上仍有一席之地。

20世纪最后几年，网络式组织也受到西方管理学界的重视。从彼得·德鲁克探讨如何管理知识工人开始，提出目标管理、利润中心制度，到奥利弗·威廉姆森谈公司治理问题；从汤姆·彼得斯在"追求卓越"中研究卓越的组织文化，到彼得·圣吉谈学习型组织倡导企业愿景，再到吉姆·柯林斯分析基业长青的百年企业，发现第五类领导人与企业价值对企业长治久安的重要性……我们发现，中国人过去所谈的"修身""礼""志同道合""教化"等理念在现代西方管理学中纷纷找到了相对应的意义。信息时代里，知识经济与服务业经济的兴起，带动了组织结构从垂直整合型科层组织转化为网络式组织，使得我们的传统治理智慧又有了崭新的生命。

复杂

中国人的差序格局

中国从来就是一个网络化的社会。在没有互联网的时代，中国人用各类交通和通信工具发展出发达的社会网，这就是我们将我们所处的社会称为"人情社会""关系社会"的原因。当然，信息时代里经营人脉的工具不一样了，人脉的范围与广度也不一样了，建立关系或断掉关系的速度更不一样了，但基本的行为模式好像没什么不同。我们大概没想到，我们视为理所当然的行为模式，个体主义社会出来的人反而觉得很新鲜。

信息时代的个人越来越网络化了，而不是嵌入在传统的社会族群中。中国最杰出的社会学家费孝通先生曾说，西方是团体格局，我们是差序格局。这正是威尔曼观察到的第一点：特鲁迪和彼得的父母辈生活在固定的社群中，即主要因阶层、地域、宗教、年龄、性别、种族、职业、行业或地位而区隔开来的各类社会族群；而特鲁迪和彼得则生活在亲疏有别的个人中心社会网中，这十分类似于差序格局。威尔曼观察到信息与通信技术打破了家庭与工作间的界限，也打破了私人领域与公共生活的界限。心理学界的重要学者黄光国教授建立了中国人的"人情—关系—面子"模型，分析出不同类型关系下人情运作的法则也不同，其中最重要的发现就是，中国人有很大一部分熟人关系是工具型和情感型复合的关系，他称之为混合关系，这让我们看到人情运作是中国人生活的一部分。

特鲁迪和彼得学会了建立人脉网与经营朋友圈子，这不就是我们日常生活中天天看到的事情吗？这也是十多年前我为什么和一群朋友成立了一个研究中国人关系与社会网的学会——中国社会学会社会网暨社会资本研究专业委员会，并确定"社会网及关系管理研究"为每年年会的主题。关系管理学对中国人而言固然是每个人的日常生活经历，但也是本土管理学者亟待研究的领域。

西方管理学界一直把"关系"作为中国管理研究的核心命题。关系在管理中的作用在中国社会是主要议题，但在欧美只是次要议题。比如，组织内的社会交换在西方管理理论中也讲，主要表现在"领导—下属交换理论"（leader-member exchange theory，简称LMX理论）中，但它只是西方的次要现象,理论的提出比较晚,研究也做得比较少。而社会交换却是我们中国组织存在的主要现象。长久以来,大家都觉得熟人之间的信任和关系能够省去许多中间环节和不必要的各种成本。朋友圈的微商之火爆正是利用了这种心理。中国是关系主义导向的社会,人与人之间的格局是差序格局,都是以自己为中心所推演出的由内向外的、一层层不同的关系连带。这正好是威尔曼观察到的"网络化的"社会。

在中国,不同圈层的关系连带,奉行的是不同的规则。

根据社会心理学家杨国枢的理论,中国人的关系网按照亲疏远近可分为三层:最核心的是家人关系,中间层的是熟人关系,外层的则是生人关系或弱关系。这里的生人指的是生分的人、非熟人,而不是陌生人,所以我也称其为认识之人、认识关系。

家人关系,并不独指血缘上的家人,按照泛化的解释,它也包括拟似家人关系,即自己的家人、亲密的亲属,以及与自己亲如家人的"拟似家人"(如姻亲、结拜兄弟等)。这些人往往是本人社交圈子、关系网中最核心的人,是自己信任度最高的人。拟似家人相互间的交往法则是集体主义式的，是最讲究仁义感情的，是最少算计的，有着最大限度的信任和最大限度的施惠，家人之间往往是最牢不可破的同盟。当然，现实中反目的情况也存在，但是家人之间的包容度一般来说无疑是最高的（见图 1-1）。

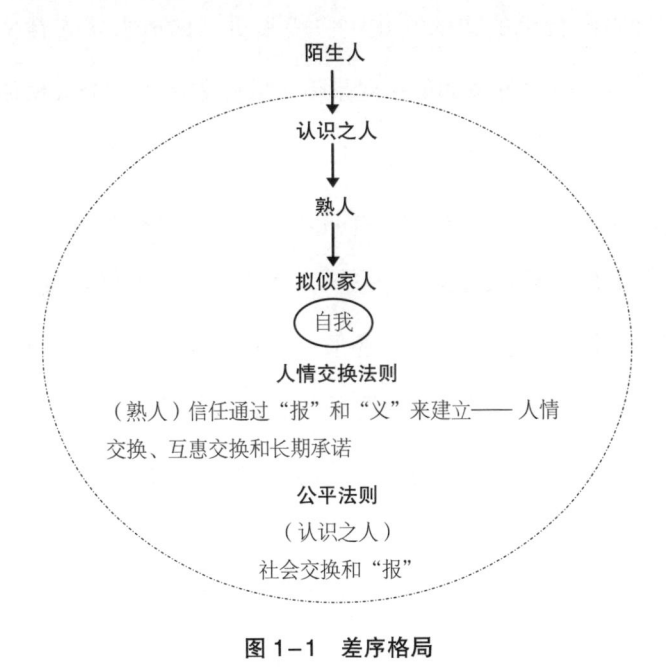

```
          陌生人
            ↓
          认识之人
            ↓
           熟人
            ↓
          拟似家人
           ( 自我 )
         人情交换法则
  （熟人）信任通过"报"和"义"来建立——人情
      交换、互惠交换和长期承诺
          公平法则
          （认识之人）
         社会交换和"报"
```

图 1-1　差序格局

关系网中次一级的连带关系是熟人关系。熟人是与本人有着良好互信互惠关系的人。熟人关系建立的基础是双

复杂

方要"熟",即彼此不仅认识,而且还相互比较熟悉,这种熟悉往往建立在双方长期交流沟通的基础之上。毕竟只有当一个人为你所熟知时,你才能判断他究竟是否可信。熟人关系适用的是人情交换法则,本质上是一种长期的互信互惠关系,但是依然穿着感情的外衣。这种感情,体现了一种中国特色的人情文化。一般来讲,你请求熟人帮忙,熟人会比较愿意帮助你,但是你也因此欠下了一笔人情债。这笔人情债,你终究是要还的,否则双方之间的互信互惠就变成单方面的施惠,双方的关系基础也就不牢固了。再说得形象一点,在这种关系下,你每次向人家借钱或许可以不用担保,但是一定要还债;你跟人家买东西,人家可能会给你打折,甚至不赚你的钱,以成本价卖给你,但是下次人家到你那里买东西,你也不能要价太过分。否则,这种互惠互信关系很可能会破裂。

关系网中第三层级的关系即生人或认识之人。在认识关系中,双方认识,甚至一起吃过几顿饭,有一些交情,但人与人之间的交往适用的却是公平法则。公平法则意味着明码标价、公平计算、绝对理性。拿现在比较流行的会员卡积分制度来打一个不恰当的比喻，你的积分还不够，就享受不了VIP（贵宾）待遇，这时你的这些交情可能还不能兑现为人情交换。很直观的表现就是，你向人家借钱，人家可能愿意借给你，但是需要质押、写借条，还要第三方（常常是双方的熟人）做担保；你到人家店铺去买东西，人家该卖多少钱还是卖多少钱，甚至偷偷卖高一点儿也未可知。

这种认识关系与陌生人又有所区别。当下中国，人们对陌生人常常会有一种警惕心，但是对认识关系的人，警惕心会放松很多，甚至有些许信任感。

随着人与人的交往，上述三类关系也是可以相互转化的。从陌生人发展到认识关系、熟人，甚至发展到拟似家人的关系，其本质上是一种信任程度和互惠程度的加深。

首先，将陌生人发展成为认识关系，即俗语常说的"拉关系"，是建立信任的第一步。当前中国社会，对陌生人的警惕是相当高的，对此在社会上打拼的人都会有很多类似的感受。因此，很多人为了认识新人，就会参加各种交际活动。中国人与陌生人建立关系，大多是通过"十同",其中"九同"大家比较容易理解,即同姓、同袍、同乡、同宗、同年、同侪、同行、同好、同友;第十同,即"同友",指的是同一个朋友。中国有句俗语,"朋友的朋友就是朋友",便是此意。

那么陌生人相互认识之后,如何发展成为熟人关系呢?这依赖于信任的建立和加深。根据社会学理论,信任的建立基于4个要素,即能力、诚实、一致性和互惠。能力指的是人们要具备把事情做好的能力,而不是无论怎样帮你,你都没办法把事情做好。诚实指的是双方的信息公开程度应符合双方的期待。这意味着对方想了解你的信息,你都能够如实地提供;否则,一旦出现信息不对称,双方的信任也就不再牢固。一致性是指一个人的表现应当具有连贯性和一致性,不能善变,让对方感觉到你是一个未来行为可以预期的人。互惠指的是双方之间要始终互帮、互助、互利。

信任建立的第一要义就是,你无法经营信任,而只能经营自己的可信赖性。要建立良好的关系并获得信任,唯有努力改进自己,而且上述4个要素都必须齐全。但事实上，中国人存在过度重视"互惠"这一要素的倾向，往往是自己圈子里的熟人、拟似家人就会加以偏袒和维护，而不顾公平正义、法律法规。

其次，信任的建立是一个长久缓慢的过程，然其崩塌则在旦夕之间。关系是否可靠需要时间的检验，但是如果出现一两次的欺骗说谎、背后插刀的事情，信任感就会轰然倒塌。

最后，关系的管理是权力与信任交互运作的，信任为本，权力为辅。遗憾的是，现在很多管理者总是迷信"厚黑学"，过于重视权力和权谋，舍本逐末，却忽视了信任关系的建立。

随着信息科技改变一切产业时代的到来，人与人结识和熟悉的方式变得越来越多样化，微信、微博等应用平台都在改变着人与人交往的方式。但是中国社会中关系连带的本质仍未变化，人情交换等法则依旧存在。

建立了信任关系，并不意味着建立了熟人关系，熟人关系的建立还需要一定深度的人情往来。人情往来可以被视为一种互惠或互换关系，但带有鲜明的中国特色。它不允许讨价还价，一方施惠时也不能要求实时回报，甚至这种人情都不宜说出口，中国人委婉含蓄的性格在此表露无遗。这似乎是只求付出、不求回报，但它的另一面又具有社会交换性质。这种施惠行为是一笔笔的人情债，在原来的施惠方需要的时候是有偿还义务的，而这种人情账又不是一次偿还就能结算清楚的。可能原来的受惠方出于滴水之恩当涌泉相报的想法，觉得终生都愿意背负这笔人情债，终生都愿意帮助自己的恩人；也可能原来的施惠方觉得如今自己变成了受惠者，由此原来的施惠方也背上了一笔新的人情债，而时时寻找回报的机会。由此循环往复后进入良性循环，人情往来越来越深，从而建立了稳固的熟人关系。

但是，这种熟人之间的信任也不是牢不可破的，一旦一方出现了损害行为、失信行为，或者一方的存在威胁到了另一方的生存，这种信任关系可能就会大打折扣甚至破裂。

熟人中的人情交换依然有着理性的、计算的一面，但是这种恩情也带来了一种感性的、情感上的信任。理性信任与感性信任是截然不同的：理性信任是基于对信息的充分掌握、精明的利害计算之后对可预期的结果产生的信任；

第一章 关系：被连接的社会

感性信任可以让人忽视掉对方行为中的不确定性、信息不对称性和未来的风险性，而仍然愿意相信对方。一而再，再而三地增强这种感性信任，熟人中理性的计算成分会日益减少，直至转化为拟似家人关系。拟似家人之间，往往不再理性地计较太多利害与回报，而会选择最大限度地相信对方、最大限度地施惠对方。

对于真正的家人，情况又有所不同，因为你无法选择你的亲属，这群人原则上不能不理不睬，更难以断绝关系。一方面，对于家人往往都是选择尽可能的信任、尽可能的施惠；但是另一方面，也要适度地进行管理，要尽可能地既合乎人情，又合乎理法。对于一些任性妄为的家人不能过度骄纵，而要严加管教。例如，即便弟弟再怎么无能，一个做董事长的哥哥也可能会让弟弟在自己的公司上班，并给予他听上去还不错的职位，却不给他真正的权力，因为哥哥从理性上讲并不认同弟弟的能力。

中国社会从来就不像西方社会那样总在个体主义与集体主义之间摇摆，而一直就是一个"网络化的"人情社会、关系社会。费孝通说，我们是差序格局的；杨国枢说，我们是社会导向的；文化思想大师梁漱溟说，我们是"家伦理本位的"；黄光国直接就说，我们是关系主义的；人类学代表人物许烺光则说，我们的结群是"宗族式的"；知名历史学家余英时说，我们是个人主义（personalism）的，这不同于西方的个体主义（individualism），恰恰是因为中国人固然以个人为中心，却有一个以家伦理为基础组成的小集体，是个人中心差序格局的结构，一个人固然努力地在自建人脉网，但在这个小集体中又服膺生命共同体的共享共荣法则。

千万不能只会高喊建立在工业时代的一套西方体系与观念，我们需要了解信息社会的本质，了解中国人社会行为的特色，思考如何将传统进行有效的转化，以迎合新时代的需求。

第二章

圈子：
信息时代的认同与归属

小米公司三周年时拍了一部电影来感谢他们最早的 100 位铁粉，如今这 100 人的社群已经扩大到百万粉丝群，所以小米把营销的渠道费用全省了下来，没有中间商的小米产品可以创造最大的性价比。十万铁粉帮忙测试产品，百万粉丝帮忙做营销，而小米不用为他们付任何薪水，这就是互联网时代"社群经济"无往不利的力量。

当阿里巴巴在美国敲响上市钟声之后，一夕之间，阿里巴巴集团的众多员工都身家大涨。而得到回报最多的，除了马云本人，还有与他白手起家的绰号为

复杂

"十八罗汉"的创业团队。1999年2月的一天,"十八罗汉"在一个家徒四壁的房间里开会,马云眉飞色舞地为大家勾勒着"世界上最伟大的互联网公司"的宏伟蓝图。在马云的倡导下,18个人最终共同出资凑齐了启动资金,由蔡崇信主持,为18个人分配了公司的股份。从此,以18个人为核心的团队凝心聚力,将阿里巴巴集团逐渐做大做强,这不禁让我们想到"桃园结义"或"水浒聚义"的故事。

可以说,阿里巴巴的"十八罗汉"是在情义与利益的双重叠加下,发展出了拟似家人的关系,是企业中"拟似家族"的一种表现形式。"拟似家族"就是在血缘上不是一家人,但在信任、亲密与忠诚上胜似家人的一群人。

2009年,阿里巴巴18位创始人辞去创始人身份;2010年开始,阿里巴巴集团开始推行合伙人制度;2014年,27位合伙人持股;最新数据显示,阿里巴巴合伙人已增至34人,阿里巴巴不断吸纳为公司发展有积极作用的员工进入合伙人团队。从"十八罗汉"到34位合伙人,阿里巴巴始终让核心团队维系着亲密的情谊和利益连接关系,建立起同甘共苦的"企业家族",强有力地扩张着商业帝国版图。

在这样的"企业家族"发展，有进有出，但紧密关系相始相终。

"邓巴圈"与社群经济

在我们的生活中，总是有这样那样的圈子：工作中的圈子，比如小组、部门、销售大区、总公司、客户等圈子；生活中的朋友圈就更多了，比如家庭圈、同学圈、妈妈圈、闺密圈等；还有各种因兴趣结缘的圈子，比如投资理财圈、健身圈、米粉圈（小米产品的铁杆粉丝群）……这几年攻占我们时间的微博、微信，最火的互动也是"好友圈""朋友圈"。由圈子延伸开来的是一个个关系网络。

信息时代，当72亿人连成一张大网时，卡斯特和威尔曼在思考的问题是，这张网的结构是什么？想想看，如果你鸟瞰一张大网，一张由72亿个节点相连而成的大网，那样的结构图是什么样的？在过去，这是个拥有无数"湿地"的网，因为地理交通的限制，形成了一个个"湿地生态"，其内部生态关系高度紧密，但外部不太连通。随着工业革命的到来，有了汽车和飞机后，"湿地"的水势迅速上涨从而形成了"湖泊生态"，虽然各个圈子形成了稳定形态，但还是有地理的限制，只能通过"地下水"或"山体缝隙"形成信息连接，圈子之间的"高山"依旧对圈子的"自由流动"有着实质性阻隔作用。

有了互联网和移动互联后，随着水势进一步抬升，"河流"将所有圈子有效连接，地理的限制大为减少，但也将大陆进行了自然切割。正如卡斯特所预测的，它不会是一个连接紧密且均质相连的网络，而是认同的力量依旧强大，形成了各式各类的圈子。虽然不再受地理限制，但全球相连的人们因为文化、语言、地理距离、兴趣爱好、宗教信仰而继续抱团。毕竟，在圈子中人们才有归属感。科技的运用始终来自人性，在人人相连的世界里，人们也还是在圈子中寻找认同感与归属感。

除了认同的力量外，人们的社交有限性也造成了圈子的发达。过去研究显示，邓巴圈（Dunbar circle）的人数，也就是邓巴数（Dunbar number），一般而言因为人类认知能力的限制会保持在100~250人，大多是150人。邓巴研究的是灵长类动物、村庄、军队等初级社群,所以邓巴数中主要是强连带,其中最亲密的大概不超过20人,其他人都是熟人,如他所说,熟人圈包括4层,其中核心圈有5个亲密联系,然后相继的三层分别是15人、50人和150人。因为通信工具的发达,人们的圈子会不会扩大?脸谱网资料研究显示,熟人圈中,好友数平均是120人,核心人数10~12人,考虑一部分人还没上脸谱网,所以总数上和邓巴数差距应该不算大。一个人的强连带会散布在不同的圈子中,如亲人圈、同学圈、职业专业圈、兴趣圈等。因为强连带需要较多时间去维系,而一个人的社交时间、认知能力是有限的,所以能形成较亲密连带的人也是有限的,他(她)必然是在这样的紧密网络中才能找到归属感。

我们所说的圈子其实包括两类。一类是社群,比如社会学家圈子、温州企业家圈子(温州帮)、高科技圈子(高科技产业经理人)、北京"驴友"圈子等,其中大多数人通过朋友的朋友就能认识大多数人,也就是社会网分析术语中的"两步距离可达的范围",大约不会超过两三万人。另外,像前文提到的"米粉圈子""果粉圈子"等人数就更多了，这些是巨大的社群，但具体的活动大多数还是发生在较小的分支圈子中。

另外一类，更精确地说，是小圈子，基本上大多数人会认识其他圈子的成员，也就是社会网分析术语中的"一步距离可达的范围"，大约就是十几人、几十人，不会超过500人。现实世界中，这样的圈子占我们社交生活的绝大部分，也是生活、工作资源的主要来源。在虚拟世界里，小圈子很多是从线下搬到线上的，也是网上社交生活中很重要的一部分。一个虚拟社群往往会有一个小圈子的核心，才能运作得非常"热闹"。

互联网将世界快速地连接，彻底将这张大网立体化，成为社群连接空间的基础架构，为快速的圈子流动与信息传递提供可能。社群恰是建立在庞大的网络上的核心枢纽，而如何快速占据有利位置，通过空间、消费、精神的连接与交互形成社群经济，成为下一个时代支撑经济发展的不断原力注入。无论对于社群自身发展还是对于这张大网来说，它都至关重要。正如优客工场创始人毛大庆所述，社群思维高于互联网思维，而互联网思维是构成社群思维的基础。社群经济是人格经济,连接和交互是搭建社群的渠道,其中空间、消费、精神三者缺一不可。空间是社群活动投射的载体,消费是空间在物理方式上让社群连接的商业手法,精神是社群在连接过程中形成的共同价值观,是形成商业"护城河"最稳固的核心。

以罗振宇的"罗辑思维"社群为例。罗振宇在视频脱口秀《罗辑思维》中聚集了大量的粉丝,这是基于微信最成功的社群经济经营者之一,已有345万订阅用户以及66000个付费会员,而它的核心却是一个40人的经营团队,以及通过2000个微信群连接起来的庞大的社群成员。每个小微信群都有其建立者,以及保持其"热闹"的活跃分子。所以可以说,"罗辑思维"是一个以40人小团队作为圈子核心,连接了2000个外围节点(也就是2000个小圈子),形成了一个有66000会员的社群和345万人的粉丝群。

依照"罗辑思维"核心团队成员和联合创始人李天田在微信公众平台上的描述[1],这个核心团队有着下面一些运作原则:

---

[1] 罗辑思维首席执行官李天田:我们是这样玩儿公司的[EB/OL].(2015-01-23). http://www.kuqin.com/shuoit/20150123/344541.html.

第一，没有上班的起止时间，没有打卡机。

第二，除了创始人之外，没有层级。

第三，除了财务部之外，没有部门（不过从下文看应该还有技术部）。

第四，除了技术部门之外，没有年终奖。

第五，员工的工作时间全部自我管理。

第六，有"节操币"制度加强大家自我管理的自觉性。

第七，"节操币"需要公示，以员工的相互监督为主，在良好文化的引导下，大家不会相互包庇或和稀泥。

第八，组织上，除了技术团队和财务之外，全都是纵向编队的战斗小组，三人一组，自行发动各种行动（这一点就是第三部分要特别介绍的自组织）。

社群经济是未来商业发展的一个方向。过去在产品经济时代，生产一种产品，要找到更多的人把产品卖给他们。而社群经济时代需要企业塑造魅力人格体，形成品牌人格的正向能量，当找到一个粉丝、卖更多的产品（既包括实体产品也包括精神产品）给他时，以他为最小圈子的核心点，就会进行圈层化的信息辐射覆盖，并形成主观价值性的主张表达。这不但巩固了企业圈子的魅力人格领袖地位，同时一个个粉丝形成的个体化圈子经过快速交互形成了社群经济体，也构成了企业圈子的外围"护城河"，这才是信息时代营销的思路。

所以，我们可以看到，一个成功的大型社群一定会有一个最核心的企业或意见领袖的大圈子，作为持续人格主张的策源地；同时有一些重要的节点人物作为"流动的水"，将大圈子的价值表达通过空间的连接形成信息流动，一个个铁杆粉丝小圈子再持续地加以经营，最终形成有着持续动力推进社群快速迭代的社群经济。而社群是否最终能够形成可持续并稳定的社群经济，其核心在于无数个负责运转社群的小团队，基于这张大网的便利性，是否可以通过交互联动，在连接过程中形成共有价值观，构建企业或意见领袖圈子外围真正稳固的商业"护城河"，以保证整个社群经济的良性发展。

复杂

情感中心：圈子的内核

"圈子"这个概念在学术分类上和行动集（action sets）很相似，它不是封闭的团体，如俱乐部或协会。这就说明，中国人的圈子在学术分类上和西方惯有的社会连接模式——俱乐部、协会——是不一样的。一个圈子不是封闭的团体，因为它是以自我为中心的；不是组织严密的，因为其成员是不确定的，不具有固定的会员资格。集是和圈子中心人物有共同联系、有已知边界的一群人。行动集是由一个圈子的中心人物特意动员组成的各种社会联系。圈子中心人物的目的是提出一系列针对个人或集体目标的行动。作为行动集的一类，圈子的特色只包括强连带，同时发动一系列持续的行动，包括从完成任务、实现组织目标到努力争取为己所用的组织资源、扩大势力等各种行动。

不管是一个小圈子——如组织内部的一个团队或组织外部的生意伙伴圈等，还是一个大圈子——如网上的虚拟社群或实体的行业协会、学会等，都和一个几十万、几百万甚至几亿人的大集体不一样。大集体，如一个城市、一个社会、一个经济体、一个产业甚至一个国家，成员基本上都是陌生人；而圈子不是熟人圈就是弱连带的圈子，至少有一些间接连带，但不会是完全的陌生人。圈子是有边界的，即使这个边界很开放，可以进进出出，其中的人也还是会有一定的相识度；而大集体基本上是没有明显边界的，除非是权力为它划下边界以禁止其流动。所以，建立并管理一个不论大小的圈子有其共通性，和管理一个大集体是完全不一样的。

以工作场域的小圈子为例，通常是从自我中心的社会网发展而来的。在这个小圈子中往往有一个中心人物（或一小组中心人物，如一对夫妇、一双兄弟等），只包括他（或他们）的拟似家人和熟人这样的强连带。这就是圈子可以以某人命名的原因，如张经理的圈子、王董的圈子或林总的圈子等。人类学家许烺光提出的"情境中心"理论认为，中国人的家伦理适用的对象因情况而异。换句话说，中国人在工作场域当且仅当与圈内成员进行交换时才是适用家伦理的。因此，我对工作场域的圈子（实际上是小圈子）定义如下："一个相对封闭的和小规模的行动集，其内部成员进行着强烈的情感交换和工具交换。它是一个从个人自我中心网发展而来的非正式团体。"

虽然一个圈子往往是围绕一个领导者的自我中心社会网建立的,但是圈内成员可以吸收自己的熟人加入圈子。在圈子运作过程中,所有成员大多会彼此成为熟人。因此,它一般有一个紧密且长期持续的网络结构,在其中,迫于团体压力,强有力的互惠规范将被执行。从而,一个圈子为一个人提供了可以防御各种不确定情况的安全环境。

一个圈子结构中主要有一个中心人物。正是这个中心人物动员他(她)的拟似家人和熟人形成了一个圈子。圈子中心人物的拟似家人,如上所述,基于不可破坏的关系、情感或忠诚的动机,往往形成一个圈子的最内核,可以称之为"班底"或"亲信"。而他们加入圈子不仅是出于情感原因,也是为了进行长期的人情交换,以便他们能够发展自己的自我中心社会网来积累社会资本,但最重要的仍是核心会形成一个"生命共同体",一损俱损,一荣共荣。阿里巴巴的"十八罗汉"和34位合伙人、李世民的"秦王府十八学士"和"凌烟阁二十四功臣"正是这样的核心团队,以其强大的互信与合作，开创了无与伦比的战斗力。

拟似家人的存在使得一个工作场域的小圈子中有了一个内核，内核之外的熟人则形成了一个外围。这个外围因为人情交换法则，所以不似内核那么密闭、那么牢不可破、那么"无限责任"；相反，它是有限交换，而且可以延迟支付，在最紧要的关头可以只拿不给，到了平时再偿还人情债，关系远近也可以弹性调整，所以这类关系的存在使得中国人的圈子具有相当的弹性。更重要的是，这类关系既可以发展成拟似家人，进入内核，也可以让圈外人发展成熟人，进入圈内。圈子的可大可小、可进可出，更增加了圈子的弹性。

关系运作中长期的人情交换形成了工具与情感相矛盾的力量，这体现了熟人的特色。中国熟人的特点混合了工具动机和情感动机，这种关系扩大了基于家伦理的互惠圈子，而非西方文化意义下的社交圈子。通过人情交换法则也可以建立强大的个人信任，为一个人在熟人圈中进行频繁的人情交换创造机会。

复杂

中国人的"往来"文化

中国社会的熟人虽然是一种强连带,但和西方社会的强连带却不完全一样。西方社会学理论可以从4个方面来区分强连带和弱连带——关系久暂、互动频率、亲密程度以及互惠内容。社会连带在这4个方面的得分越高,它就越强。从这个意义上说,熟人如同强连带,因为他们不仅包括亲密性和情感支持,也包括强的互惠交换。在中国社会里,人情交换法则指导熟人引入一种准集体主义行为,然而,这种关系在现实中仍旧是工具交换关系,所以自利和理性计算是这类关系的核心要素。一方面,这类关系有强烈的规范要求——"义",即要求一个人不求回报地为伙伴提供帮助——重要的和针对个人的援助行为;另一方面,这些人情却是要还的。在这类关系中,还朋友的人情是一种被期望的责任,接受人情但忘记归还是要被责备的("来而不往,非礼也"),会增加个人在交换中的压力。这和"报"的原则保持一致,在长期的人情交换过程中会增加关系中各方相互信任的可能性。"报"和"义"是熟人行为的道德标准。熟人会有工具交换，但是理性选择理论却不能很好地解释这类关系的行为，因为它不是纯粹理性计算的。一个行动者的动机是混合的，因为历史、文化和规范因素与个人利益计算交织在一起。拟似家人强调情感和规范动机，认识之人关心工具利益动机，熟人则需要平衡这两种不同的动机。

总结以上的讨论我们可以看到，在中国，一个不是纯兴趣组合而有着系列行动的小圈子有以下几个特质：第一，它是一个自我中心社会网，主要由强连带，包括拟似家人及熟人所组成；第二，它有差序格局结构，所以有"亲信""班底"这样的内核，也有以熟人为主的外围；第三，人情交换使这个外围保持了较高的弹性，使圈子可以保持不封闭及有限的交换；第四，它的边界是模糊的，圈子可大可小，关系可进可退。

中国邓巴数会不会不太一样？可能有一些不同。因为西方定义的强连带主要指情感连带，当然4个连带强度指标中也有"互惠内容"这一项；中国人把强连带分成家人连带（包括真正有血缘的近亲）、"拜把兄弟"式的拟似家人和熟人连带。中国的家人及拟似家人是有高义务的，中国人脉网中的核心会不会超过20人？一般而言，会的。以我为例，就是家族很小而且不特别爱交哥们儿、朋友的，算算也有十多人。一个生意人，尤其是能够纵横商场的生意人，往往都特别重义气，这个数字就可能更多些。中国的熟人连带强度比西方的强连带关系应该更强，因为这是会欠人情债`、要还人情债的。中国的这个邓巴数估计也就是在100~250人，一般人也不会超过150人，毕竟这些关系都是要花不少时间去维系的。这种关系不是因为有更多、更好的联络工具就可以变多的，或许有一点儿变化，但不会太多。

互联网时代会改变我们关系的来源，扩大关系的范围以及地理界限，也会增加弱连带及间接连带的数量，尤其是间接连带会有大量增长，但不会改变中国人的关系导向——差序格局关系网、圈子文化以及关系动态变化的一些原则。

那么，我们不禁要问，这样一种文化是如何形成的？

对于中国社会的人际关系格局，著名的社会学家费孝

第二章 圈子：信息时代的认同与归属

通先生在他的代表作《乡土中国》中提出了"差序格局"的概念。费老的《乡土中国》是他根据20世纪40年代后期，他所讲授的乡村社会学的内容写成的。该书通过对中国基层传统社会中起支配作用的体系的追寻，为我们打开了理解中国社会的一扇大门。"差序格局"描述了这样一种状况："以己为中心，像石子一般投入水中，和别人所联系成的社会关系不像团体中的分子一般大家立在一个平面上，而是像水的波纹一样，一圈圈推出去，愈推愈远，也愈推愈薄。"

形成这种"差序格局"的文化基础，是梁漱溟所说的"家伦理本位"文化。"差序格局"是与西方社会关系的"团体格局"相对而言的。西方社会中的人如同柴堆，一群一群地捆绑起来，同一群体之间有较强的相似性，同时也奉行同样的伦理和规范。"差序格局"的中国社会则是以自己为中心向外发散，所适用的伦理和规范并不一致，以家伦理为核心，越往外推，就越不适用家伦理的法则。正如《论语》里面讲述的对于父亲偷羊的正确处理方式是"父为子隐，子为父隐，直在其中"。儒家是以"己"为起点，

复杂

从亲人间的孝悌入手,推广到他人。这种思想应用到日常人伦中,就变得有差等,于是形成了社会关系的"差序格局"。

因为中国人自我中心差序格局的人脉网、家伦理本位的思维、"宗族式"[①]的结群方式,使得我们特别喜欢抱团。不管说它是关系主义还是社会导向,其实中国就是社群主义[②]优先于个体主义或集体主义的社会。也就是说,中国人一方面不会完全依从于一个以陌生人为主的大集体,比如国家、社会、城市等,所以显得像一盘散沙;另一方面中国人更不会过于以自我为中心而各自独立,而是会与有关系的人抱团在一起,依附于这样的社群。

这种"差序格局"的文化心理,让中国社会的各个地方都形成了"圈子"现象。善于情义交换的每一个中国人总会自发或者不自发地形成一些以自己为中心的小圈子。

---

① 家族式(clan-like),许烺光用其来与西方的俱乐部式(club-like)结群方式做对比。

② 这里的社群主义是社会学意义上的定义,不同于政治学上的社群主义,后者指的是政治体制中从一个放任自由主义的极端到另一个极权主义极端的中间形式。

而在商场、官场上，那些有资源、有权力的人形成的小圈子就成为有足够实力的小团体。它们可以为善，变成做事有效率、有效能的团队，一加一大于二，发挥小集体的战斗力；它们也可以为恶，将权力私人化，为小集团的利益伤害整体的利益。

微信群就是依着"小圈子"的原则建立的，所以能够为人们所乐用。它是围绕群主而建的，有着特定的系列行动，包括真实的行动与言论的交换。要想使微信群活跃，就要有一小群人成为核心，不断地发言及组织行动，并要有丰富的资源——不管是有思想的言论还是行动得到的利益，这样才能吸引大家的加入。微信群的上限是500人，那些和绝大多数人都没有建立直接联系的边缘人，可能会被群主清理出去，以便联系紧密、活跃的人加入。

圈子也是一体两面的，可以正用，也可以误用。

小圈子是围绕个人而建立的，一般以一个能人为中心，渐渐地形成一个小团体，并带动其周边的人脉网，如同滚雪球一般扩张。由于圈内成员不仅有共同的亲密关系，还有共同利益，他们对忠诚和友谊的延续不仅是为了自身的长远利益，而且还涉及小集体的利益。圈内人往往抱团作战、互助共赢；发展到极端的情况，圈内人只在意维护圈子里的资源，协力从圈外争夺资源，然后分享资源。因为圈子是围绕着核心人物建立起来的，圈子内部的资源分配往往又由核心人物统筹，这个圈子的核心人物就成为这个圈子的利益代言人。因此，圈子文化与权力结姻，有时候会产生出权力个人化。公共权力的集团化和个人化，使得公共权力被圈子所裹挟，成为私人圈子的牟利工具。近些年来被查处的贪腐案，大多都体现了圈子文化所带来的权力个人化的身影。

圈子本身无好坏可言，就看我们如何使用它。如何用其利、避其弊，就看我们有没有足够的坚持与智慧。当西方的学者正在勤于发掘关系与圈子的妙用时，我们的社会却因为误用与滥用关系和圈子带来了很多不良的后果，不过也因此积累了更多的经验，可以提供对关系与圈子更全面的研究与理解。

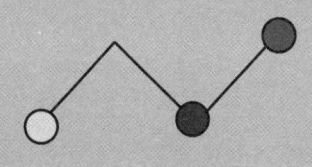

第二部分　网络科学：

互联网时代的底层逻辑

第三章

社会网分析：
研究连接之后的社会

一个多世纪以来，社会学家都在使用"社会网"这一隐喻表示不同尺度上的各种复杂社会关系。

社会网作为一种社会学视角，发端于德国社会学家格奥尔格·齐美尔（Georg Simmel，1858—1918），然而直到20世纪50年代，社会学家才开始系统化地使用"社会网"一词。这其中有两位大师：一位是哈佛大学教授哈里森·怀特（Harrison White），他和学生使用图论开启了社会网分析的数学基础；另一位是芝加哥大学教授詹姆斯·科尔曼（James Coleman），他原创性地使用人际关系与关系的连接做了很多研究，比如谣言的传播过程、社区关系对教育的影响等。自此以后，社会网研究作为一种成熟的理论与研究方法广为社会学界所接受，并在80年代以后传播到组织行为研究、经济学、战略学、传媒研究、金融学、政治学中，帮助我们理解人际关系与社会网如何影响我们的日常社会、经济与政治的活动。

社会网分析反对化约主义（reductionism），也就是不把人看成独立的个体，社会、经济集体现象不是简单地独立个体行为的加总，它关注人们之间的关系如何影响他们行动中的可能性和限制。"社会网"这一概念的兴起，源于其对社会互动的描述。网络学派认为，个人行动都是嵌入社会网结构之中的，都是在人与人的互动中发生的，所以解释人的行为应当从具体的社会关系入手。

社会网关系图

所谓的网络结构，其最基本的组成元素是由一群节点以及节点之间的线组成的（见图3-1）。节点可以代表一个人、一个组织甚至一个国家，线则代表节点之间的关系。网络分析要了解的正是各个节点之间的关系连带。人与人之间的关系可以是情感关系、经济交易关系、权力关系等。组织与组织间的关系可以是生产外包关系、联合营销关系、信息交换关系、财务关系以及联合研发关系等。不同的关系可以形成不同的图形，所以相同的一群节点可以形成很多不同的图形。

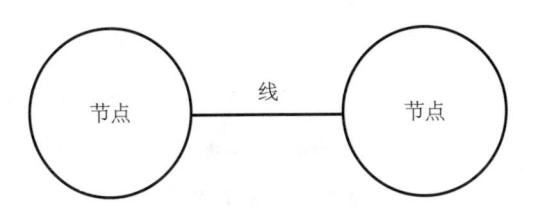

图 3-1 网络结构的基本组成元素

节点之间的关系如果有方向指涉性，则被称为方向性图形（见图 3-2）。有些关系一定是对称的，比如两人之间是否有金融来往，有则关系存在，无则关系不存在；有些关系有方向性，但可能是不对称的，比如借钱，A 向 B 借了，B 却不曾向 A 借，所以关系线是一个由 A 向 B 的箭头。图 3-3 则是一个数值图形，也就是把关系的强度计量出来，把数值表达在关系线上。

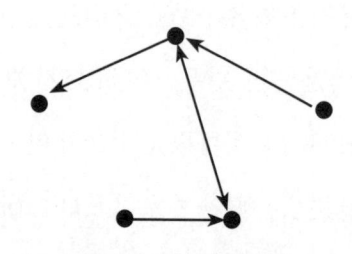

图 3-2 方向性图形

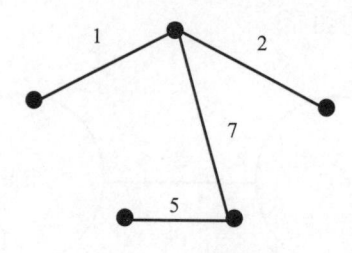

图 3-3 数值图形

关于距离和可达性,我们举一个简单的网络图形例子。在图 3-4 中,箭头代表传递信息(如物流、现金流、人力流、商品流)的方向,数字代表了两个人信息传递所需要的资源(或时间),两个人的距离越远,信息传达的可能性越低,且传达所耗费的资源也越多。比如,你想传递一条短信息给丁,却又不想让甲知道,最好的策略就是告诉丙却不跟乙说,这样甲就无从知悉,因为甲和丙、丁缺少信息传递通道。又比如，你想最有效率地传递信息给丁，却没有对甲保密的必要，则乙比丙更适合做媒介，因为"你—乙—丁"的距离之和只有10，比"你—丙—丁"的距离之和15要短，信息也会较易、较快地传达到丁。

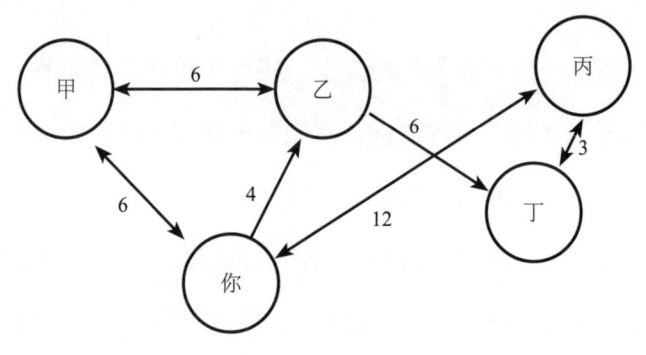

图 3-4 网络图形

复杂社会网涉及的正是一张张动辄几十、几百甚至几千万、几亿个个体组成的社会网，其中每个个体（节点）都有多种角色，每两个个体之间也因此有了不同的关系类型（线）。正是分析这个复杂的多维关系的大型网络产生了社会网理论，社会网研究的目的其实就是：在个体和集体之间建立一座桥，在结构和行动之间建立一座桥，使过去个体分析与集体分析两不相干、结构分析与行动分析各行其道的化约主义式研究，变成行动与社会网结构共同演化的研究，从而理解一个复杂系统的运作机理。

一加一不等于二

还原主义又称为化约主义，盛行于过去的科学界。当我们研究不懂宇宙的时候，我们就来研究星体；当我们研究不懂星体的时候，我们就来研究物体；当我们发觉用物体的三大运动定律还解释不通很多道理的时候，我们就说里面一定还有很多更细分的东西，所以我们就去研究物质；当我们发觉物质分析到原子，很多问题还是无法解释的时候，我们就去探究粒子；当研究粒子又研究不清楚的时候，我们就去研究另一个更小的东西——弦。这一过程就叫作还原主义。2000多年前的古希腊就有了这种哲学思维，泰利斯认为物质有四大元素，就是通过把世界分解成4种元素来分析，从而认识整个世界。

在还原论的思维方式下，我们相信集体是个体的加总，这个加总会渐渐还原成集体的整体样貌。当我们对一个事情不了解的时候,我们就会相信,一定有更细致的小元素在它里头,我们对那个小元素的性质不了解,所以只好找更小的,一路往下找,最后从大社会找到了组织、找到了社群、找到了个人,开始分析个人行为以及行为的动机。在过去科学发展的过程中,还原主义相当成功,也创造出了非常多的科学成果,甚至成为我们今天很多科学研究的特色。比如,一个研究人员拿到某项研究工作,第一件事情就是先做分解,把整个现象分解为几大变量,把每一个变量分解成好几个结构面,做归类、再分析,这就是基于还原论的理念。

社会网理论最反对的就是还原主义。为什么呢?不是因为它错了,而是因为它做得不够。社会网理论认为,个体的加总不等于集体,个体之间彼此互动,这些互动会产生新的特质,所以一加一不会等于二。一加一可以大于二,一加一可以小于二,二者的互动、关系和网络会形成一种新的结构,这就是"网络结构",即从结构与个体行为的演化中会"涌现"出新的特质。

生态有食物链的网络结构,所以研究生态学的学者在网络科学这个领域也很活跃，甚至我们社会网理论的一些模型就用生态学的模型在做，所以很多人认为社会的这种复杂系统，适用于生态学或者生物化学的模型。比如，一个生命是怎么产生的呢？用生物化学的模型来解释这个问题就是，小单位的互动产生的互动内容和互动结构，就是我们所讲的网络结构。决定集体性质的不是个体的性质，而是分子性质的本身加上这些分子之间的互动，包括它们互动的网络结构和互动内容，共同决定了集体的性质。所以一些无机分子的集合，最后竟出现有机的生命。社会网理论是反还原主义的，它不认为个体的加总就是集体，集体的分解就是个体，而个体间的关系网结构，因形态的不同与动态的演化，会与个体行为产生"化学变化"，产生出新的特质，造成系统的非线性变化。

在社会科学中，经常采取还原主义的是经济学以及理性选择学派。比如，经济学相信，总和需求等于每一个人需求的加总，每个人都有需求曲线；所有人的需求曲线加总变成总和需求曲线；每一家厂商的供给曲线加总变成总和供给曲线，总和需求曲线和总和供给曲线形成的均衡，就变成市场的均衡价和均衡数量；再分解到每一个个体，就是个体需求数量和个别厂商的供给数量。这就是典型的还原主义的思维方式。格兰诺维特把这种思维叫作"低度社会化"观点，意思就是说，研究者不用去研究社会网结构和人际互动内容，只要去研究每一个人的心理、每一个人的行为、每一个人的动机，这些都研究清楚了，一个社会的集体行动和整个社会的属性就可以了解了，因此这被称为个人主义方法论，也就是原子化个人的观点[1]。

简单来讲，我们过去的主要研究都是集体研究集体、个体研究个体，再拿集体因素"决定"个体行为，或拿个体因素"加总"成为集体行为。

什么叫作"集体研究集体"？集体主义方法论是指以个体研究个体，以集体研究集体，以分解集体去了解个体。

格兰诺维特提出过一个阈值模型（threshold model），问了一个集体行动爆发的问题：美国的迈阿密发生了一场暴动，孟菲斯没有发生暴动，为什么？于是，大家都开始

---

[1] 每一个个体都像气体分子，随机碰撞，撞到谁算谁，没有一个个体间的固定关系，以及一群关系组成的较固定的网络。

研究为什么迈阿密发生暴动，是不是黑人人口比例偏高？研究后发觉，迈阿密黑人人口比例是高，但问题是孟菲斯也高啊。那我们接下来可能再找什么理由呢？是不是因为迈阿密的白人黑人分居问题？有一些方法可以量化这个分居指数，我们会发现，迈阿密和孟菲斯依然差不多高。那接下来，心理学家可能就会开始研究，是不是因为迈阿密黑人仇恨白人的情绪要比孟菲斯严重？不过再一衡量又发觉不对，两地黑人仇恨白人的情况都差不多，并没有因为城市不同而不同。

那么，我们到底如何解释迈阿密发生暴动、孟菲斯却没发生呢？如果把迈阿密和旧金山进行对比，也许上面讲的那些定量方法都是可行的；但当我们把迈阿密和孟菲斯对比，就会发现这些理论都不成立。当然，还可能有人会说，按照理论，孟菲斯不是没发生暴动，是时候未到，暴动迟早要发生的。当然这只是一种说法，而我们现在最主要的问题还是在研究现在为什么孟菲斯没有发生暴动。这就是一种"集体研究集体"的研究思维，也就是以集体的因素（比如，一座城市的黑人白人比例、居住隔离程度、社会情绪不安程度等）去解释另一个集体的现象（比如，这座城市会不会发生暴动）。

"个体研究个体"又是什么意思呢？个体主义方法论是以个体研究个体、以集体研究集体、以加总个体来了解集体。比如，研究一个人为什么成功，首先我们可能开始会找这个人的个人因素——这个人的工作很成功，因为他工作努力、情商很高；其次一个最主要的理论就是人力资本理论——他这个人书读得很好，人力储备很棒；最后是地位取得理论——研究发现，他父亲是哈佛大学毕业的，他母亲是芝加哥大学毕业的，所以地位跨代遗传。这种方式就叫作"个体研究个体"。

那么，究竟什么叫作"低度社会化"观点呢？简单来讲，就是当我们看到集体现象的时候，大家就来研究其中个体的行为。比如，发生"迈阿密暴动"的时候，我们来研究有没有个人行为的基础，毕竟暴动是因为个人行为才发生的。一堆人在街上冲来冲去，打砸抢，这不能说明迈阿密这个城市是自己要暴动的，一定会有个人行为的基础，所以研究者要分析参加暴动的人的社经背景、心理、动机、行为模式等。但马上就有人会问一个问题：到底个人行为和集体行动之间产生了什么样的关联？难道就是一群特定阶层、有特定心理和行为特征的、有暴动倾向的个体聚在一座城市中，该城市就必然走向了暴动吗？

与之相对的是"过度社会化"观点。这一观点是过去传统的社会学家很容易犯的错误，简单来讲，就是一个个体只有"铁笼子里的自由"。这个理论的代表人物是皮埃尔·布迪厄（Pierre Bourdieu），他也是社会资本理论的创始人之一，他把"品位"的问题解释得非常好。"过度社会化"观点就是集体因素决定了个体行为。我们举个例子：假设某同学小樱，女性，二十几岁，都市长大，985大学[①]毕业，社会精英，一线城市金领工作。于是小樱的社会类属就被确定了，一大堆与该社会类属相关的行为规范、价值理念、心理特点也都决定了。该社会类属的次文化会把小樱的品位固定下来，她只剩有限范围内的选择权了。

[①] 985大学，即"985工程"涉及的大学。"985工程"于1998年5月正式提出，是我国政府为建设若干所世界一流大学和一批国际知名的高水平研究型大学而实施的建设工程。——编者注

再比如，汤姆是一个美国雅痞。顾名思义，雅痞就是以都市、中产、小资、白领等为关键词形成的一种人群概念。对"雅痞"有一个比较形象的批评：雅痞知道路易威登包包的价钱，比他妈妈的生日是哪天还要清楚。你若住在纽约上城，在华尔街工作，未婚，30岁上下，又是白种人，讲的是地道的美式英语，这样的你就被定格了，你就会拥有这样的社会属性——行为小资，追求个性，自私功利。又比如"土豪"一词，代表着很有钱却没品位，非常崇拜名牌、非常物质主义的一类人。于是，整个社会结构就会被切割成各式各样的社会类属。这些社会类属会变得非常具有强制性，你的行为再也没有多少空间了，只有"小牢笼"里的自由，因为大范围已经被决定了，那就是你的社会类属，同一类属的人常会聚集抱团，相互给对方很大的社会压力，从而使一个人再也没有办法超越自己的社会类属而自由行动。

一个社会有没有制度的创新，一个组织有没有治理结构的改变，这些都是集体的事情。不管是集体的一个性质，还是集体的一个行动，从个体到集体的中间其实就断掉了一座桥，那断掉的桥就是我们刚刚所讲的关系和互动。如果用还原主义的思维就会认为，这座桥很容易建成，因为个体的加总等于集体。但研究者如果用"过度社会化"观点，就刚好倒过来，不是个人怎么决定集体，而是个体就没有什么自由意识、自我选择，只要有一些集体的条件，就属于这个社会类属，行为模式就被固定了。当这个集体的状态到达了某一程度，个人的行为都在社会类属的压力下变成同一个样子的时候，集体行动就会发生，一个系统就会变化。

所以，一个叫作"低度社会化"、一个叫作"过度社会化"，那缺失了什么东西？第一，缺失的是人与人之间是会互动的，互动的过程中会产生新的效应，互动的内容是一件很重要的事；第二，缺失的是关系，人与人之间会结成固定的关系，他们只和有关系的人互动，而不会像布朗运动①一样，随机相遇，随机互动；第三，缺失的是网络结构，人与人之间的互动是有一个关系网结构的，这个

---

① 布朗运动，指微小粒子表现出的无规则运动，由英国植物学家R.布朗发现并提出。——编者注

第三章　社会网分析：研究连接之后的社会

网络的结构决定了这个集体的行动中间有一些独特的东西，从而带来整个系统的变化。集体的社会网结构能够最有效地解释整个集体的行动，尤其是系统中特殊的"涌现"现象。

新事物如何在结构中涌现？

在复杂适应系统中，我们将集体中特殊性质的爆发称为"涌现"。结构中的涌现是社会网研究的重大议题。

为什么现在社会网理论变得非常"红"？就是因为现在社会网中间最重要的一些研究议题，比如创新，包括制度创新、新商业模式、系统转型、破坏性创造、社会变革，这些东西都是说一个系统中间竟然会涌现出崭新的特质，甚至会带动整个系统转型成另外一个系统，让系统的性质发生根本变化。改革开放等重大的社会变迁，并不只是缓慢的渐变，也不是无迹可循的突变，而是在渐变中产生了突变，都是在结构与行动的共同演化中发生的。我们把这种状况叫作"非常态系统"，它有别于常态系统。一个突变的非线性演化是有迹可循的，在渐变的行动与社会网结构中，研究者可以找出变化的脉络——势，以及不同势之间动态平衡的过程。

　　上文所讲的这套社会科学的方法，即用什么因素去解释什么结果，比如你工作努力，薪水就会升高；家庭环境很好，你找工作的机会就会更多等，这些都是在常态系统下，线性因果关系是很明显的。但当遇到剧烈变革的时代，这些就可能不太适用了。可以说，非常态系统的整个分析方法将不同于常态系统下的社会科学研究。有一些应用性的社会科学理论，我们发现有的时候在美国合理，到中国就不太合理了；在100年前很合理，100年后就不太合理了。为什么？因为我们的社会系统在不断地转变。转变前和刚转变后的这种状态就叫作"非常态"的状态，这是过去社会科学没有办法解决的问题，而现在，社会网理论提出了研究这个问题的方向与方法。

　　研究这个问题，社会网学者最主要的着眼点是什么呢？第一是行动。继续讲我们刚才提到的假想暴动。假如黑人有痛恨白人的心理，那么黑人可能有小偷小摸一下的

第三章 社会网分析：研究连接之后的社会

倾向来反社会，这是行动。然而社会网结构呢？黑人跟黑人、白人跟白人的社会网，以及白人和黑人之间的社会网，是一个和行动共同演化的过程。当黑人越来越痛恨白人时，黑人内部网络会变得越来越紧密，而黑人与白人之间的网络则越来越稀疏。当结构演化到某一个引爆点，我们称之为临界点时，暴动就发生了。格兰诺维特提出的阈值模型认为，每个人心目中都有一个参加集体行动的阈值，也就是看到多少人加入了，他受到鼓舞也会加入。每个人的阈值不一样，有人是天生革命者，会带头开始集体行动；有人是先知先觉者，很少人参加时他就加入；有人是后知后觉者，要觉得"法不责众"时才加入；有人是不知不觉者，除非整个朋友圈都给他压力了，否则他绝不加入。阈值的分布与社会网结构决定了偶发事件是否涌现，一群阈值较低的人在较密的网络中会互相看到，于是都参加了行动，一下子参加的人多了，传导出去，就引发更多的人参加，集体行动就爆发了。

引爆复杂网研究的物理学家艾伯特-拉斯洛·巴拉巴西（Albert-László Barabási），是复杂系统理论的开创者之一，他在我国最有名的一本书是《爆发》(*Bursts*)。该书实际上就是我们前面提到的"涌现",也就是我们今天面对的大大小小系统转型的问题、社会变迁的问题、社会运动爆发的问题、创新的问题,等等,归根结底,就是新事物在结构中涌现的问题。

这里我要再强调一点:在社会整个演化的过程中,行为的演化速度其实是很慢的。因为人自身的局限性,改变的速度没办法很快。一个人有可能立地成佛,但一座城市、一个国家的人没办法都立地成佛,所以,我们会发觉行为的演化很慢,而且是比较线性的、渐变的。结构的演化也是渐变的,但到一个结构的临界点时,就会出现行为与结构的共同突变。社会网研究中用动态网络模型来做网络结构变化的预测,这是做大数据研究的人最感兴趣的事情。过去所有的动态网理论与系统动态模型都只是假设与猜想,直到大数据出现后,理论可以被验证了,模型可以做预测了,未来的社会网结构的变化可以找到轨迹了,所以,行为与结构的共同演化成了可以研究的议题。在巴拉巴西的《爆发》这本书中和他所启发的众多研究里，都揭示出了人类未来社会科学研究的方向，正是从大数据中找到人与人之间关系网的动态变化过程。

当然，这个动态变化在很长的时间内可能会很缓慢。再回到之前的那个例子，孟菲斯也罢，迈阿密也罢，黑人痛恨白人的程度在不断演化，虽然是越来越恨，但是速度很慢。最初，两座城市都有黑人和白人之间的沟通通道，就是我们所讲的网络结构中间的"桥"。在这样一个演化的过程中，假设迈阿密和孟菲斯都有10座"桥"，即10个人，不管他们是黑人还是白人，他们在黑人和白人两个群体间不断地穿梭，跟黑人团体感情很好，跟白人团体的感情也很好，他们维持着黑人与白人之间最后的和谐与沟通。但是很不幸，这两个团体的互相憎恨程度越来越高，于是，桥开始断裂。迈阿密的一座桥断了、两座桥断了、三座桥断了，都没发生任何事情，四座、五座、六座、七座、八座、九座桥断了，也都没发生事情，但是当社会结构中的最后一座桥断了，就会立即引发暴动。就好像最后一个希望破灭了，两个团体间不再存在沟通，那么整个结构立刻发生天旋地转的变化。这一刹那，很可能一个本来在稳定演化中的结构，忽然之间爆发出一个新的状况，结构迅速重组，行为迅速被改变，系统马上就会进入另外一种状态，改变了它原来的状态，而且永恒地改变了它原来的状态。

反过来说，孟菲斯很可能前面八座桥都和迈阿密的桥一样断裂了，但最后两座桥不但很牢固，而且在看到迈阿密暴动的后果后，就拉进来了新的第三座桥、第四座桥，最后孟菲斯就没有引发暴动，并回到了原来的轨道，也没有产生暴动所引发的系统新特质。所以，两座城市个体行为变化都差不多，城市的集体因素也十分相同，结构与行动都是在向同样的方向演化，社会网结构看起来也差不多，如果计算各类社会网指标，其实两边相差不会太多。但是当一座城市到达了临界点，就爆发了集体行动，涌现出新系统特质；另一个却没有到达临界点，甚至从临界点开始往回拉，于是系统就回到了原来的状态。这就体现了网络结构改变集体行动与系统特质的方式。

社会网学者们相信，结构改变集体行动是具有爆炸性、涌现性的。系统结构与行动的演化过程是稳步渐变的，线性的变化多半还可以预期，但是在系统进入"非常态"后，尤其快到临界点的时候，往往会爆发出一个整体的大变化。这也正是当下我们研究大数据、研究复杂动态网、研究系统中行为与结构共同演化想要分析、预测和解决的问题。

∞

林林总总的社会网研究就是在研究关系主义方法论[①]，不同于个体主义方法论与集体主义方法论，社会网研究是从"关系"的角度来探讨社会现象、研究人的行为。要理解这个多元化、个性化、连接化又"圈子化"的信息社会，首先要了解这个复杂系统的社会网结构。复杂思维最主要的一个观点就是新事物的突然涌现，它往往不是由行动决定，而是由结构与行动共同演化决定的，其中社会网结构

[①] 关系主义是心理学家黄光国用语；社会网学者边燕杰提倡关系社会学，我则提倡关系管理学，所指的都是这样一套方法论。

尤其重要。因此，在现在这个快速变化、"非常态系统"的时代，研究社会网和复杂思维就显得尤为重要。

互联网时代，人们在传统的面对面、书信、电报、电话之外，又多了互联网、移动互联，使人与人连接出超过以往数十倍密度的关系网。而连接之后，社会、经济、治理机制、行为模式都在变化，那么又该如何研究它们呢？

连接之后的全球化也深刻地改变了。今日范围的全球化始自大航海时代，但基本上还是面对面与书信的互动，只有小规模的社区及极少量的国际互动。火车、汽船的出现，使几十万人的聚居变得平常，国际商人、政客往来变得频繁。汽车与电报的出现使成千上万人的聚居和全球平常人的相连相通成为可能，国际秩序的治理第一次需要全球性政治组织的成立。飞机和电话的普及则创造了全球"六步之内"联通的"小世界"，一个全球互联的时代开启了。如今，互联网与移动互联使人际交往真的跨越了国界，网上社群可以超越国家，各国普通人做到了"天涯若比邻"，但也给全球治理带来极大的挑战。这几年，逆全球化的出现正好说明了全球治理追不上人际互联的速度，提不出对策，所以想保守地回到过去。那么，下一轮互联网治理如何走？全球治理如何走？这些问题的提出，都在呼唤一个新的研究范式给出解答。社会网分析正是这个新范式的方法基础。

第四章

社会网研究的关键问题

社会网学派形成至今,也就短短的半个世纪左右,相关思想最早也只能追溯到 100 年前的齐美尔,而其独特的研究思路以及所利用的研究方法,则为复杂社会系统社会网的研究工作进行了深化与拓展,从而奠定了分析方法的根基,并提供了基础理论。经历了 20 世纪 60 年代中期短暂的调整和反思后,到了 80 年代,在以怀特、格兰诺维特、科尔曼、罗纳德·博特、伍迪·鲍威尔(Woody Powell)、巴里·威尔曼和林南等人为代表的诸多学者的共同努力下,社会网学派的研究全面崛起,不但成为社会学界的显学,其研究工作也在其他学术界——如前所述的组织行为研究、经济学、战略学、传媒研究、金融学、政治学等——中进一步扩大影响，超出了原有经济社会学的研究范围。

社会网学派从关系的视角来探讨社会行为，研究人的经济行动，为我们提供了一个可以解释个体行为的微观基础，以及研究个体行为与集体结构共同演化以分析集体现象的路径。与此同时，社会网分析也为我们提供了诸多操作性很强的概念、命题、假设与模型，并且在后期工作中发展出了准确的描述、测量和分析技术，变得可以实证、可做预测，拓展出实用技术，和很多夸夸其谈、玩转概念的研究完全不同。同样，社会网分析也为关心网络研究的其他学派——如新制度学派，在其研究过程中遇到了一些技术性的困难，诸如趋同性、制度环境等一些关键性的概念，在研究中的测量也难以标准化——助以一臂之力。所以，在新制度学派盛行一时之后的20世纪90年代，社会网研究的兴起恰恰针对新制度学派没有解决和不能解决的问题，填补了这一学派研究遗留下来的空白，给人耳目一新的感觉。

社会网分析的独特之处是多方面的，其核心在于从

"关系"的角度出发研究社会现象和社会结构。由于社会网结构既可以是行为结构、政治结构,也可以是社会结构、经济结构,所以,社会网分析的概念和方法已经在多学科中得到了广泛应用。

社会网之所以能够成为一种分析工具和方法,是因为其具有独特的分析视角以及实用性、可操作性。比如,怀特用"机会链"理论来解释内部劳动力市场的升迁现象;科尔曼和后来的传播理论大师埃弗特·罗杰斯(Evert Rogers)以非正式关系来解释传染病流传以及信息流通问题;格兰诺维特用"弱连带优势"理论对劳动力市场中的求职和转职现象进行了研究。这些理论都是在理论、变量测量、模型、假设验证上同时取得了突破性研究,从而使此学说建立在坚实的科学分析基础之上,不再只是一堆概念、猜想与哲思。

然而社会网研究为什么又是解释信息社会的钥匙呢?

因为互联网就是社会网。

这个概念20年前就存在于笔者脑海之中,自此以后便与它结下了不解之缘。我的第一份工作就是创办了一个信息社会所,研究的就是信息时代的经济网络与社会关系,

复杂

最早写的几本书也都在探讨互联网上的社群网站与社交现象，最近还在清华大学联合社会学系与计算机系一起成立了"清华大学社会网络研究中心"，共同研究大数据中的社会网。这个概念成了指导我一生学术研究的指南针。

然而，这个概念却源于威尔曼。

《超越孤独》一书是威尔曼和李·雷尼（Lee Rainie）的思想结晶。李·雷尼作为皮尤研究中心的项目主任，对互联网与美国人的生活进行了一系列研究；还有众多社会网研究学者也进行了多年且多样的互联网研究。在这些扎实的研究基础之上，才有了本书提出的"网络化个体主义"的概念。比如谈创新，创新就来自连接，尤其是不同领域的人的连接，社会网学者会分类出多元、多样的圈子，找到跨界的连接，从而分析新的跨界生态链的形成，这样才能寻找到涌现出的重大创新。在"风口上猪也能飞起来"的背后，谈的就是大势，大势所向始知风口，这其实可以用一系列大数据分析进行科学研究。跨界联合就是创新的势，风势如何？风向如何？如何待势乘时、应势而作、顺势而为、因势利导、趁势而起、审时度势？这不是说说而已，而是需要严谨的理论与分析。

你可以感觉到互联网思维背后有一个崭新的社会和经济结构正在成形。互联网只是一个工具，但更重要的是其背后的行为与结构的变化。比如，合作关系取代竞争思维，圈子取代权力层级，大小相嵌的社群取代分立分割的正式组织，网络式结构取代上下层级的树状结构，这些都会产生一个生产者、消费者以及交易者共生共融的生态系统，一个正在颠覆传统的行为与结构。西方如此，中国亦然。

我们都知道，社会从来都是连接的，互联网使这张人类的社会网连接得更加紧密、更加无远弗届，所以信息社会的特质就是连接，连接成复杂社会网。但连接之后会是什么样子？又会如何演化呢？

我们需要分析复杂社会网的工具，以及洞悉复杂社会治理方式的智慧，这些都要从研究关系与社会网开始。

下面介绍几个社会网理论中最知名也最关键的理论。

机会来自强关系还是弱关系？

什么样的社会关系网络结构有利于机会的创造呢？对

社会网分析和经济社会学有着极为深刻研究的格兰诺维特教授提出了著名的人际关系的"弱连带优势"理论。1973年，格兰诺维特在《美国社会学刊》（AJS）发表了著名论文《弱关系的力量》，提出了"弱关系才是异质性信息传递有效的桥梁"的观点，并且提出了从4个维度来测量关系的强弱，即互动频率、亲密程度、关系久暂和互惠内容。社会关系在这4个方面的得分越高，它就越强。通过对强弱的测量和界定，格兰诺维特认为强关系较易形成群体内部的纽带，弱关系才是群体之间的纽带。这个很有新意的思路成为社会网发展过程中的一个里程碑。过去，社会网研究更多关注的是强关系，自格兰诺维特提出弱关系的概念后，就引起了诸多学者对弱关系的大量研究。

格兰诺维特认为并不深厚的人际关系（"弱连带"）反而可以有着更强有力的信息传播能力。例如，A有两个强连带B和C，基于好朋友互动频繁，所以B和C有很高的机会因为A的媒介而相互认识。A传达了一条信息给B和C，B又转传于C，而C早就知道了，所以B与C之间的信息通道就是重复的。一个强连带很多的关系网中，重复的通道往往也很多，而弱连带则不太会有这种重复的浪费。格兰诺维特又进一步指出，两个团体间的"桥"必然是弱连带。一个团体之内成员间往往互有连带，所以信息容易传播，但从一个团体传递信息到另一个团体，有时仅仅依赖于两个团体中各有一名成员相互认识，从而形成唯一的通道，这条信息唯一的通道就被称为"桥"。"桥"在信息扩散上极有价值，因为它是两个团体间信息沟通的关键，但它必然是弱连带；否则，两个人之间的强连带会呼朋唤友在一起，使两个团体间很多成员互相认识，这条信息通道就不再是唯一的，也不再具有"桥"那么高的价值（如图 4-1）。

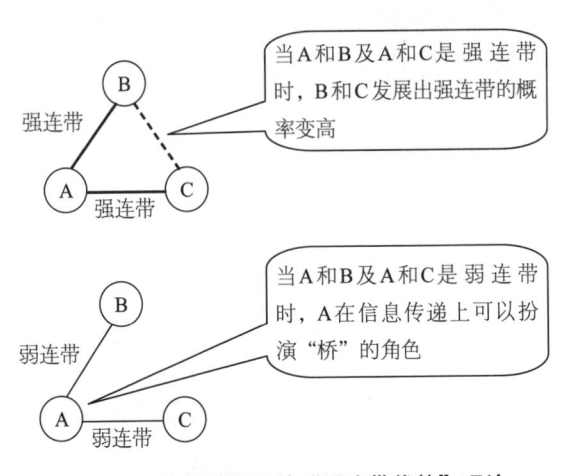

图 4-1 格兰诺维特的"弱连带优势"理论

20世纪六七十年代，一些社会学家做过"小小世界"的研究，即通过一系列的实验来测试人际关系在信息扩散中的效果。有一个实验是让学生指出他们的朋友，并对交情的亲疏远近给予评分，然后按此绘出学生的关系网络。结果强连带（评分第一、第二名）往往形成小圈子，弱连带（评分倒数第一、第二名）却会连出一张大网络。因而，若是强连带，圈子会非常小，而弱连带圈子会非常大。另一个"小小世界"实验是让所有的人传递信息，发现强连带多的人，信息只会在一个小圈子内传来传去，弱连带多的人反而可以传得很远。这就是弱连带多的人可以在建立情报网、经营知识创新、求职找人、口碑营销、建立客户关系以及寻找商业伙伴上占有优势的原因。例如，做生意的人往往会发现，生意场的合作机会往往是由不太熟的朋友介绍的。这是为什么呢？因为太熟的朋友会形成自己的小圈子，而圈子中的人之所以能聚在一起是因为他们具有某种相似性，所以圈子内的人所拥有的信息资源也是类似的。为了拓展新的市场机会，需要将不同的资源进行整合，这时圈子内部的资源就不能满足要求了。弱连带关系可以打破小圈子的局限，形成一个更广阔的信息网络。这个理论同样适用于相亲或者找工作等方面。

还有一个实验：随机抽取一个人，要他把一本小册子通过自己的关系网传递出去，收到的人也会被要求以自己的关系网再传递出去，依次传递，直到传递给一个指定的人。有一次指定者是一个黑人，结果传递过程中，从白人团体手上传入黑人团体的"桥"，往往被传递双方圈为"认识的人"，而不是"朋友"。

这些实验都说明，强连带需要较多的时间加以维系（强连带之所以强，就是因为互动较多），会对社交时间产生排挤效果，使一个人的关系网较小，也会产生信息通道上的重叠浪费。所以一群好朋友之间，信息常常会转来转去好久，却转不出那个小圈子。同时也说明了，"桥"往往是弱连带。若一个人拥有很多弱连带，尤其是拥有"桥"，那么他在信息获取上会有极大的优势，在信息传递上也常常居于关键地位。

因为弱关系较易形成不同的社会类属、相异社群间的"桥"，从而更有利于来自不同群体的异质信息的传播,并发现机会。也就是说,一开始营造更多弱连带的网络关系,即建立更多"疏网"的结构,将蕴藏着更加多样的机会信息。但是,有的机会信息即使被你掌握,也不一定能够利用。因为显而易见,两个人的关系如果不够深厚,相互之间的信任扶持也会大打折扣。只有弱连带的人际关系,很多商业行为是无法操作的,比如合开公司或结成联盟,一旦触及大量的金钱利益,泛泛之交到头来一定会不欢而散。所以在商业世界中,在弱连带之外,强连带也是需要的。机会的真正利用,还是要依托非常紧密的关系("强连带")才能动员到足够的资源加以实现。这就是社会网学派的另一位大家科尔曼强调的"紧密网络"的功能:只有在一个"密网"中才会存在强大的信任,容易合作,因此也易于在需要时调动更多的资源。

正如格兰诺维特在回顾了他10年以来关于"弱连带优势"假设的研究之后所总结的:"弱连带提供了人们取得自身所属的社会圈之外的信息与资源通道,但是强连带对人们的行动会有较大的帮助。"

在互联网上，网友之间的关系主要是由弱连带构成的，其中一小部分会升华为强连带。信息技术使人们对弱连带关系的拓展变得异常容易，一个论坛、一个邮件列表、一个消息群……这些都是典型的弱连带关系网。

从直觉上看，如果一条信息是从亲近的人那里获得的，那么可信度是最高的；但实际情况是，现在的人们往往对来自弱连带关系的信息也很容易产生信任。比如，电视里的名人广告会让很多人相信产品的真实性；热心网友（不排除"枪手"）对某个产品的测评会直接影响到该产品的销量。

在信息时代，人与人之间的连通工具有了质的飞跃，但连通工具能扩大的主要是弱连带以及间接连带，弱连带能传递的资源主要是信息、非机密知识和即时推荐等。心理学家杨国枢称之为"生人"，我称之为"认识之人"。有研究显示，加上弱连带的个人人脉网，美国人保持在250~1700人，平均数是611人。《超越孤独》一书的共同作者皮尤研究中心发现，美国人的社交网络平均有634人。考虑到前者是2006年发布的数据，后者是2011年的研究成果，这些年移动互联的发展，似乎有扩大人们社交网的趋势。另外，皮尤研究中心还指出，互联网使用者平均会有669个或强或弱的连带，而重度使用者则更多。这些研究指出，互联网时代，人们的关系网确实扩大了，但也不应过分强调互联网对关系的"革命"，它是缓慢而有限地在扩张，而且几乎所有亲密一些的熟人都会保持线下相当频率的互动，所以在时间、精力与认知能力的限制下，这一部分会改变得更少。

网状关系而非从属关系

1985年，格兰诺维特又发表了另一篇很有分量的论文——《经济行动与社会结构：嵌入问题》，至今它也是社会学界引用频率最高的论文之一。格兰诺维特在这篇文章中提出了"镶嵌"的概念，他认为经济行动不是孤立的、单纯的，而是嵌入社会网结构之中的。他还认为，我们应该从具体的社会关系入手来解释人们的经济行为，也就是说由于所处的社会关系网络不同而使人们的行为存在具体的差异,即强调了社会网结构对人们行为的制约作用。

格兰诺维特的"镶嵌"一词源于卡尔·波兰尼(Karl Polanyi),但其内涵已有所变化。在波兰尼的语境中,镶嵌意在表明个人行动在经济与政治、宗教之间的互相嵌入关系;格兰诺维特所说的镶嵌,则是为了分析市场主体(包括个人和组织)的行为而研究个人在社会网中的互相嵌入关系。

经济学和管理学中所说的镶嵌,与社会网的这一概念有着密切关系。从亚当·斯密至今,古典经济学和新古典经济学都以"理性经济人"为分析前提,在生产、分配与消费行为中,理性的个人完全不受社会关系与社会结构的影响,只是根据个人利益计算采取行动,交易双方有社会关系,或多或少只是自由市场的累赘而已。在这些经济学家的分析中,社会关系隐而不见,剩下的只有一个个孤零零的工于计算的"理性经济人"。换句话说,经济学的主流是忽视社会网的。

但在社会学那里,往往与主流经济学相反,它是采用以社会为本位来解释个人行为的。多数社会学家认为,人们的行为完全取决于社会化过程，通过教育等手段，社会风俗和价值观等因素会内化为个人的行为准则。在这种分析思路下，人们的行动总是被假设依从于风俗习惯，或义务做事，或做当然该做的事，或做正确而适当的事，或做公平而正义的事。显然，在这种分析中，个人成为风俗习惯的奴隶，其所有行动只是社会风俗习惯的忠实反映。最典型的表述就是"人是社会动物"。马克思所说的"人的本质不是单个人所固有的抽象物，在其现实性上，它是一切社会关系的总和"[1]，这也在强调人的社会性。换句话说，社会学的主流聚焦于人的社会化。

对于上述偏向于个人和偏向于社会的两个假设，格兰诺维特分别冠以"低度社会化"和"过度社会化"的称谓。在文章中，格兰诺维特批判了这两种理论倾向。他指出，行动者既不可能脱离社会背景采取行动、做出决策，也不可能是规则的奴隶，变成社会的编码；相反，行动者是在具体的、动态的社会关系制度中追求目标实现的。低度社

---

[1] 《马克思恩格斯选集（第1卷）》第3版，人民出版社，2012年版。——编者注

会化过分强调人的喜爱偏好，使其凌驾于群体规范以及社会结构之上。格兰诺维特认为，经济学界在这样的一种思想框架下形成的"经济人假设"的概念，是一种"社会化不足"的观念，他把这种"经济人"称为"低度社会化人"。与此相反，"过度社会化"的观点否定了人的喜爱偏好以及主观能动性，人的行为完全被社会环境及所扮演的社会角色所决定，而不关注人的主观意愿和心理态度。格兰诺维特指出，"低度社会化"和"过度社会化"都存在着问题，两者都把人的行为看作个人的孤立活动，而不是既定社会关系和社会网结构的产物，都无视整个大的社会环境以及人与人之间互动的影响和制约作用，因而最终无法把握个人的行为选择与社会环境之间的真实关系，也无法解释行为选择背后的真实原因。

在治理理论上，格兰诺维特进一步强调，无论是制度还是道德，都不能成功地避免机会主义行为。治理理论要研究的就是市场交易或人际交换中的秩序问题，徒法固然不足以自行，道德也要落地在每天的人际互动之中。人是社会的组成要素，但是社会并不是由孤立的个人所组成，而是由互相联系的个人所组成的。所以，社会的运行固然离不开个人，但更不能脱离人与人之间的关系。人与人之间的社会关系，使人们产生了相互信任，而人际信任对秩序的维护与社会的顺利运行发挥着重大作用。

例如，在实际生活中，人们总是怀疑大众媒体传播信息的真实性，只有在无可奈何的情况下，才会试一试这种信息。一般而言，"我们都会寻求更好的信息"。更好的信息来源主要有两种：一是自己的个人经验，二是朋友的经验介绍。之所以说这种信息"更好"，是因为其中包含了不可或缺的信任因素。

社会关系网络有助于产生信任，但前者并非信任产生的充分条件，在特殊情况下，社会关系甚至会导致大规模的集体欺诈行为。格兰诺维特指出，信任实际上是将自身的未来押在对方的行为上，这"会真真切切地造成更好的欺诈机会"。另外，在对外进行欺诈的团体内部，往往会存在着较高的互相信任——"盗亦有道"。"道上的朋友"往往能够信任到"两肋插刀"而让常人感叹莫及。但"盗亦有道"的例子也说明，一个群体内部的有序可能带给外部系统更大的无序。社会关系网络不仅是信任产生的重要前提，也会影响到欺诈行为造成的社会后果的严重程度。如果欺诈者相互之间没有任何关系，那么这种欺诈行为将不会带来大规模的混乱；反之，窝案则可能会造成更大范围内的社会无序。

镶嵌理论的提出就是探讨人及其社交关系到底是什么关系。不同于亚当·斯密的"理性经济人"（人是在社会关系之上的）和马克思的"人是社会关系的总和"（人与社交关系是从属的），格兰诺维特的"镶嵌"是说人和社会关系既可以是紧密的，也可以是随时抽离的；人既受到社会网的制约，又可以能动地去改变自己的关系，进而改变个人的社会网，甚至改变大片的复杂网。这种看法在今天互联网社交网络时代特别有道理，真正意义上的互联网思维正在于此。人也好，信息也好，彼此都是一种网状关系，而非从属关系。

社会资本来自关系

社会资本就是孕育在社会网中的资源。一个人的社会网越大，个体社会资本也越大，个人因此能够从中得到利益；一群人拥有了和谐的内部关系和良好的社会网结构，就会产生合作行为，产生一加一大于二的效果，整个群体因而受益。社会资本不但可以为个人所有，也可以为群体所有，是嵌入在社会网中的资源，并通过网络被摄取。

社会网的研究思路除了齐美尔的个人和群体关系双重性的观点之外，还有社会网功利性的思路。这一思路把社会网看成一种资源和工具，强调个体利用网络争取社会资源以获得地位的意义，其主要代表人物是科尔曼。科尔曼从理性选择的角度出发，把格兰诺维特、林南等人的观点吸收到自己的理性选择理论当中，并于1988年在《美国社会学学刊》发表了《作为人力资本发展条件的社会资本》一文，在美国社会学界明确定义了社会资本的概念，即把社会网内蕴含的资源作为个人或社群拥有的资本财产。

社会资本由构成社会结构的各个要素所组成，存在于人际关系的结构中，为结构内部的个人行动提供了便利。与此同时，科尔曼也区分了社会资本和人力资本两个概念，指出了两者的不同之处。他认为社会资本由三个要素构成：

一是社会结构的"某些方面";二是作为这些"方面"载体的一种(或一组)社会关系;三是由此生成的行动和资源。社会资本必须由两个以上的一群人共同拥有,必须要有双方或多方合作的意愿才能兑现其价值。人力资本则不同,它可以为一个人所有,完全由一个人的自由意志所支配。

科尔曼研究领域是一个社群或一个集体共同拥有的社会资本,也就是社群社会资本或集体社会资本。与其持相近理论的林南则分析了个体社会资本,他也是社会网功利性思路的另一位主要倡导者。林南长期研究社会资源对人们地位获得的重要性,提出了社会资源理论,从这一角度出发来解释个人如何利用社会网关系来获得社会资源,从而提高社会地位。另外,林南也给我们区分了两类社会资本之间的不同。他认为,潜在的社会资本是在社会网中嵌入并可摄取的,是静态存在的、潜在的、可被动员的资源;而动员的社会资本则是从社会网中动员出来、已被有效运用的社会资源。

在社会资本的论述上,科尔曼和林南的分析视角极为相似,两者都把社会资本看作一种社会资源,而社会资源是在社会网结构之中的，即社会资本作为一种社会网关系性、结构性的资源，只有具有网络关系的个体才可能会获得社会资本。但不同的是，科尔曼关注社会资本的集体层面，集体社会资本不仅属于一种个人所拥有的资源，而且是一个组织、一个社群、一个社区，甚至整个大集体，如一座城市、一个社会、一个民族或一个经济体所拥有的社会资源，因为人与人的和谐相处，产生了一加一大于二的资源产出。林南则关注个人层次的社会资本，因为一个人的人脉以及他在社会网中占据的位置，而能获取的个人受益的资源。

占据"结构洞"：捕捉并创造机会

美国芝加哥大学商学院社会和战略学教授罗纳德·博特在《结构洞：竞争的社会结构》(*Structural Holes*)一书中提出了"结构洞"理论。所谓"结构洞"，简而言之就是社会网中的空隙。在社会网中，一些个体与个体之间会紧密地抱团在一起，形成一个圈子或社群，但当圈子与圈子之间没有直接联系，就会出现一个大空隙，这种社会网之间的间断，从网络整体看好像网络结构中出现了一个个的洞，是为"结构洞"。因此，将没有直接联系的两者联系起来的第三者，就拥有了信息优势和控制优势。简单地说，第三者就是洞上的"桥"，可以获得两个异质团体间不同的信息源，知甲地之有也知乙地之无，便有了"搬有运无"的优势，因此结构洞使得处于两个社群或圈子中间的第三者拥有了信息优势和媒介优势。而为了维持这种优势的存在，第三者会极力控制另外两者之间的信息传递，不让其轻易地联系起来。

很明显，博特和科尔曼一样，其研究逻辑也是社会网功利性的思路，他把个人在社会网络中的结构位置看成一种社会资本，特别强调关系网络的功利性和工具性。博特提出了社会网的重要功能：第一，结构洞中介人得到的信息和非中介人得到的信息差异是很大的；第二，传递信息的时间性、内容丰富性也与网络结构有关；第三，网络还具有推荐的作用，网络中的关系伙伴可以帮你说话，此外，网络可以帮你控制局势，提高讨价还价的地位。

博特把社会网结构位置看作一种可以谋取利益的工具和一种投资行为，而其实际效果便是中介利益，也就是交易的机会，所以他也把"结构洞"理论称为"机会的逻辑"。中介性是衡量一个人是否在其他两人联络的快捷方式上占据了重要战略位置的指标。如果一个网络被严重切割，形成了一个个的小团体，有一个人在两个小团体中间形成了连带，其连带就成为一座"桥"，如图4-2中的H。若两个小团体信息要交流、沟通，"桥"就非常重要。所以当这两群人联络时必须要通过他，他具有很高的中介性，能够连接两群人之间的互动与信息。中介者可以掌握信息流以及商业机会，进而可以操控这两群人并获得中介利益。

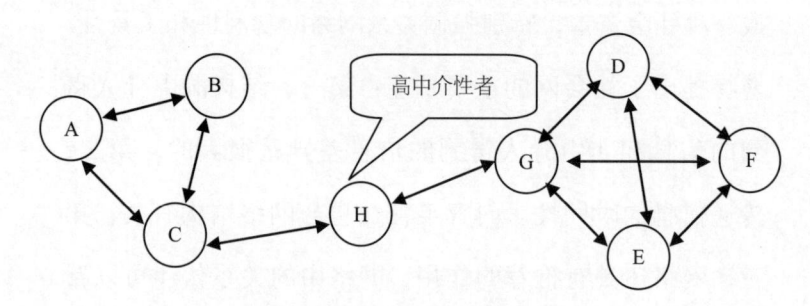

图 4-2 博特的"结构洞"理论

在此基础上，博特从效率的角度提出了"结构洞"的效率与效能问题。如果关系网络具有重复性，那得到的信息就会雷同，因此效率也就不高。另外，个体不需要建立和所有个体之间的联系，而只需建立与另一群体中关键的联系，打通主信息通道即可，这样便可缩短信息传递的时间，节省资源，提高网络效能。博特还特别强调网络结构自主性。个体在网络中的位置越自主越好，这样便可以控制其他人的信息传递而使自身信息在最大限度上不重复，从而使网络达到最优化的状态。

创业者关键就是要发现彼此间存在相互需求的"甲地"和"乙地"，并努力成为这两地之间的桥梁。从这个角度看，很多创业者都是机会的发现者，通过发现"结构洞"，并抢占它成为"桥"，占据在社会网中有利的结构位置，从而成为互不联系的两者之间互通有无的关键点，并最终成为控制者甚至垄断者。就像棋手要发现棋局中的一些关键点，然后迅速抢占，并有效控制。甚至很多时候，创业者的机会不是等来的，在倚势待时之外，还需要在大势上推波助澜才能获得在社会网中有利的结构位置。可见，必要的造势乘机才能在最后让机会出现。

社会网的理论让人们更加重视机会的意义，但是机会的发现和获得不是一蹴而就的，而是动态的。就像围棋棋局当中，即使抢占了某个关键点，也不意味着这个点能够一直被你占据，也不意味着这个点一直是关键的。创业者必须学会在社会网不断变化的过程中捕捉机会、抢抓机会、造势创造机会。为了捕捉机会，创业者要不断地构筑新关系，同时要统筹好不同关系的亲疏远近，甚至切断某些关系。就像围棋中，有些关键位置需要棋手不惜用大量的棋子去抢占，而有些位置则不得不放弃。

正是因为形势的瞬息万变，所以聪明的创业者会广结弱连带，广撒疏网，因为商业机会孕育在疏网之中。诚如格兰诺维特的理论所言，弱连带才会成为"结构洞"上的"桥"；否则，一个人亲密伙伴间相互认识的可能性也很高，一旦两个好朋友连上线了，这个"桥"的作用也就不存在了。所以认识很多的"弱连带"，保持和他们的持续沟通，就好像在机会之海中撒下一张又一张的网，让机会有更多的可能撞入网中。

社会网结构会不断发生变化或者重构，如何适应这样复杂的变化，就需要灵活运用"布局"的思维。换句话说，在各种环境因素高度不确定、信息高度不完整，隐隐浮现机会却不能描摹出具体轮廓的状况下，创业者应整体性地、基于对大势的判断和自己能掌握的方向，对疏网的布局进行规划，同时根据反馈，动态造势以调整各类弱关系，好让在机会之路上预先布置的棋子发挥作用。这就好比运动战，在早已布好种种疏网的路上不断运动，最终机会出现，并且逃不过这些疏网的捕捉。这种运动战正是造势乘机的精义所在，本书的第四部分将具体讨论布局的意义。

∞

这些理论为复杂思维的概念发展铺平了道路。低度社会化与过度社会化的质疑让我们看到复杂社会中的连接性；格兰诺维特的弱连带优势理论开启了西方学术界对社会连接——也就是中国人所说的"关系"的研究；第三章中的阈值模型则考察了复杂系统中集体行动的涌现以及系统的非线性发展；博特的"结构洞"理论让我们看到社会网结构分析的重要性，指出了创业者捕捉机会，甚至创造机会的逻辑；科尔曼与林南的社会资本理论揭示了人脉圈的价值，以及社群紧密和谐关系的重要性；格兰诺维特的镶嵌理论和交易成本理论的对话则开启了自组织作为一种治理机制的探讨。

  关系、圈子、自组织以及复杂逐渐浮现为分析信息时代复杂社会的关键概念——我称之为复杂思维。

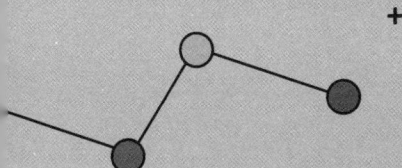

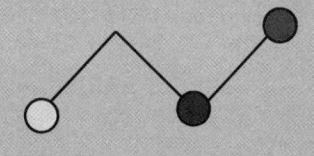

第三部分　自组织：
复杂思维下的新治理模式

第五章

自组织：
新系统的动力与秩序

2014年，海尔集团董事局主席、首席执行官张瑞敏在海尔创业29周年纪念会上发表了题为"企业平台化、员工创客化、用户个性化"的讲话。这次讲话，宣告了海尔作为传统家电行业巨擘拥抱互联网思维的巨大战略转变。

在这次讲话中，张瑞敏提到了"员工创客化"，具体分为三个方面的内容：第一是自主创业；第二是在线和在册创业；第三是自演进机制。所谓自主创业，就是由员工自己发现商机，从研发到最后的市场效果都由员工自己负责，将原来由上级指派任务的机制变成由员工自行发起。"在线和在册创业"则试图打破传统的企业边界，组织内部的创业团队可以拿到组织外部去做，社会上的创业团队也可以纳入组织内部，海尔只提供平台。

在可查见的资料中，海尔在提出员工创客化的战略转型之后，在线和在册创业已经颇具规模：2000多家小微公司在海尔的创业平台上孵化孕育，雷神笔记本、天樽空调等一系列创新产品都已经实实在在地开花结果。

蜂群思维如何发挥成效？

在《失控》(*Out of Control*)一书中，凯文·凯利（Kevin Kelly）称这样的自组织模式为"蜂群思维"。也就是说，虽然没有一只蜜蜂在控制蜂群，但它们会自组织出集体行为，从大量愚钝的成员中涌现出一只看不见的手，让集体行动变得有秩序、有效率，凯利也称其为"群氓的集体智慧"。蜂群思维有以下几个特质：（1）没有强制性的中心对整个系统进行控制；（2）次级系统具有自治的特质；（3）次级系统之间彼此高度连接；（4）点与点之间的互动，通过整个系统的网络结构，形成了非线性的因果关系。

蜂群思维绝非凯利首创，而是他观察了大量科学研究后有感而发的。人的脑神经系统也与此类似。它是"分布式运算"的，一个个神经元会自组织成不同的子系统，子系统又会自组织出更高一层的子系统。经过层层的自组织，最终形成大脑的各个功能，以及各功能之间的协调运作。

蜂群思维也应用于机械设计之中。过去，在机械设计时，机器人都是进行缓慢设计，力求功能精细，力图找到完全由中央控制的解决方案，这在很多艰难的工作环境中容易发生故障。直到麻省理工学院计算机科学与人工智能实验室主任罗德尼·布鲁克斯（Rodney Brooks）提出了"快速、廉价、超越控制"的原则，才设计出小型、便宜却具有独立思考能力的一大批机器人，它们之间互相连接、自我协调。虽然在任务中会"死"掉一些，但"活着"的机器人能够有效地完成工作。我们今天提出的工业4.0中也有"分布式运算"的思维。

如果一个生态系统是自组织出来的，那么它们在随机的发展路径中会渐渐进化出一个十分稳定且有序的系统，并生生不息地演化下去。虽然有外来物种入侵会带来一些扰动，但不久之后，整个系统便又会自我平衡，继续生生不息。

凯文以十分禅意的说法为"蜂群思维"做了总结：原子是20世纪科学的图标，而21世纪科学的象征却是网络。当然，他不会忘记引用老子《道德经》中"无为而治"的思想为蜂群思维做脚注。

信息社会的组织管理与社会管理也需要蜂群思维。有层级的组织要求上传下达，用规章制度来约束层级之间的关系。网络状的自组织是在信任的基础上聚合而成的自我监督、自我管理的各种小团体。

全球目前规模最大的网络百科全书维基百科是"蜂群思维"的一个典型案例。维基百科是一个非营利性平台，任何人都能够在上面发表或编辑信息，且任何人都能够免费获取这些信息。在用户的自组织和自发展下，这个平台的信息极为详尽，目前已经拥有接近2000万条词条，并且有近300种语言类型。以语言为组织分界，可以将每种语言的用户看作一个自组织团体。"达人"们在维基百科上发表新的信息、补充完善其他人发表的信息，使得平台上的内容越来越丰富、越来越翔实。这是完全自下而上形成的，除了简单的发表规则，没有一个管理员对内容进行管理控制。用户每一次的信息发表、编辑、搜索和浏览，最终连接成维基百科的网络结构。

互联网的发展使得传统行业不断被颠覆，许多传统行业都在努力调整企业的组织架构和管理方式，以适应互联网带来的商业浪潮。更多的新兴产业则如雨后春笋般涌现出来。很多人都感觉到了一种趋势——商业的未来似乎就隐藏在那些规模不大却拥有无限想象空间的创业企业当中。可以说，在互联网时代，企业和个人适应时代趋势、响应政策、创新创业势在必行。在这样的大背景之下，自组织对企业发展的意义尤为突出。

信息时代的自下而上

过去我们总是在谈管理，管理往往指的是一个组织中自上而下产生秩序的手段，组织要有分工，要有合作，合作要产生价值，而且价值要能够在组织的外在环境中得到认可。只有满足以上这些条件，组织才能利用外在的资源，使组织生存并发展下去。让员工既能够有序分工，又能够有序合作，而且要很有效率与效能地分工合作，这是管理的难题，因此产生了一门学问——组织理论，它为组织管理学、战略学、营销学提供了主要的理论来源。但随着社会教育的进步和信息的发达，特别是"90后"进入职场之后，现在员工的学历越来越高、创新越来越强、个性越来越鲜明，自上而下越来越难以管理。管理者能控制住员工的一些行为，比如上班不迟到、不早退，依照公司规章流程做事，如想让他把工作完成并交给你，只要这些工作指定得够清楚，员工就可以做到。但管理者难以控制员工跟谁交朋友、喜欢谁、不喜欢谁、有没有好创意、有了好创意是否愿意贡献给公司、会不会尽全力实践一个梦想。员工可以把指定的事情做完，但就是没有主动性和积极性。要让他和喜欢的人在一起才能成为一个团队、成为一个自组织，发挥出一加一大于二的力量。有知识、有创意的员工和不喜欢的人在一起，结果不是消极不合作，就是斗争分裂。社会的网状结构是管理者无法自上而下控制的。自

20世纪30年代起,从组织研究的霍桑实验开始,研究者就注意到组织中的非正式团体,随后社会网学派也开始研究非正式团队在组织与工作中发挥的作用、网络结构问题和自组织问题。

自组织的概念最初并不是来自社会学,而是来自热力学。普利高津在研究系统的耗散结构时首先提出这一概念。从前热力学一直在研究封闭系统,但在开放系统中,热可以不断地从系统外进来,也可以不断出去。比如一锅正在加热的水,当烧到出现很多气泡沸腾的时候,加一个冰块就可以冷却它;一满锅的水沸腾了,本来应该变成水蒸气,把锅盖顶起,但因为加入了冰块,它便会迅速把加入"系统"的热吸收掉。在这样一个开放系统,有热进来、有热出去的情况下,水蒸气会渐渐变成六角形结构,非常稳定、持久地附在液态水的表面,绝对不会像汽化了之后,所有的分子都变成水分子,在空中到处乱碰撞。相反,所有的分子都会变成非常有组织的自我结构,呈六角形,很稳定地存在于某个地方。这就是自组织现象。

随后德国科学家哈肯在研究激光的理论中开启了"协

同学"，研究的也是物质世界中的自组织现象。之后，自组织研究在生物进化学、生态学、脑神经医学等领域都取得了很多进展，比如大脑就是神经细胞与神经突触层层自组织而形成的巨型复杂系统，以实现某个功能，比如"看见火—感觉到热—把手缩回来"的过程。这样一个过程通过大脑将一系列神经细胞连接在一起来实现。其中的连接，也就是神经突触会变粗，自组织出一个子系统，从而具备一个新能力——遇到火情会反射性地躲避。大脑功能的复杂性正是这样简单的子系统层层自组织出来的。

把自组织引入社会网的关键人物是华兹与施瓦茨这两位物理学家，他们在研究"为什么晚上的蛙叫声最后会变成和声、萤火虫最后会一起发光"这些问题时，百思不得其解。最终他们发现，青蛙叫声的互动网络与人际互动网络十分相似，因而想到了米尔格拉姆的"六度分隔"实验。他们的研究成果发表在《自然》杂志上，引爆了复杂网络在社会科学研究中的浪潮。

同样，格兰诺维特所说的"低度社会化"就好像水蒸气状态，其中每一个人都好像自由分子，在空间中随机运动,碰上任何分子都可以发生互动。"过度社会化"又好像固态的冰,所有的能动性都不见了。没有能动性的个人只有非常有限的自由,在场力形成的铁栅栏中处处受限。我们实际的社会却是在这些不同的状态中不断转换,更多的情况是人们既受场力的束缚,也有能动性,更可以集合起来,也就是自组织出一些固定的结构。在社会系统学派的研究中,结构的演化、谁跟谁建立关系、关系会建立成什么样子、关系网络的结构会是什么形状,这些都是通过自组织而形成的。

社会系统中的自组织具有以下几个特性:

1. 一群人基于关系与信任而结识,而不是因为外在权力而结识。

2. 结识的群体产生集体行动的需要。

3. 人们为了管理集体行动而自定规则、自我治理。

在管理学和经济学中,当一群自组织出来的小单位结合成整个价值链时,会形成网状结构,所以称其为网络,指的是它的结构。社会学多使用community,一般译为"社群"或"社区",指的是一群人集合而成的群体。我则称之为"自组织",它可以是动词,指的是一群人自发组成群体的过程;它也可以是名词,可以用治理理论的视角来定义这一概念。

华为的"三人战斗小组"、百度的小团队制、韩都衣舍的产品小组、海尔的员工创客等一系列机制,都是企业打破原本职能制划分的企业结构、推行自组织的一种尝试。在过去,中国企业早有各种类型的自组织,如挂靠、承包、内部分包、独立团队、内部创业等模式;今天看来,"内部创业"的跨职能团队的模式,似乎逐渐成为互联网时代最广泛的自组织模式。这种模式的发展,实际上是弱化僵化的层级结构,发挥网状结构灵活机动的优势,适应瞬息万变的网络时代,充分保障个体的自主性、创造性的内在需求。

在信息时代,不论是自主创业,还是打破边界的创业平台,总的看来,都是从原来层级制组织自上而下、员工只负责接受命令的运作方式,改变为由员工发起、自下而上的运作方式。员工发挥主动性,积极寻找市场需求,组建独立灵活的小团队,靠自己团队的能力应对市场的种种变化与挑战。

企业中的自组织

企业中的自组织有如下几个特点：一是由下而上形成组织的子系统；二是子系统拥有共同的目标；三是形成分工协作；四是子系统开展行动；五是子系统内部形成有效的自治理机制；六是子系统间有效协商形成集体自我管理。

自组织既是一个组织过程，也是一种治理模式。[①]治理结构一直是组织研究中的重要话题。治理理论告诉我们，有三种治理模式，分别是自上而下管理的层级制、个体交易中"看不见的手"——市场制，以及基于信任关系的自组织制。

层级制的运作主要依靠科层服从和命令系统。成员在其中的身份是集体化的，强调的是集体主义，遵循权力逻辑，人与人的关系是权力关系，权力是自上而下的。层级制需要建立一套自上而下、完备的官僚体系，因而会产生

---

① 自组织理论参考自：罗家德.自组织：市场与层级之外的第三种治理模式[J].比较管理，2010，1（4）：1-11.罗家德.中国商道：社会网与中国管理本质[M].北京：社会科学文献出版社，2010.

较高的管理成本。

市场制的运作依靠自由竞争。成员可以在市场上自由选择交易伙伴,强调的是个人主义,遵循合约与交易的逻辑,权力是分散化的,其来源是个人权利被确权后,握在每个交易者的手上,交易者自愿地拿出来交易,所以人与人的关系是交易关系。市场制会带来交易成本。

自组织制则主要依靠成员之间的合作运行,强调的是社群主义,其内部成员身份是志愿性的[1],遵循关系逻辑,也就是基于亲情、友情、爱情的情感性关系,以及基于共同理想、共同记忆、共同价值观而形成的认同关系。权力是自下而上组织起来的,其来源是自组织团体被赋予的自治权。关系和信任是自组织的重要因素,形成小团体,产生认同,才会使一群人的关系网密集且持久。当有了集体行动的需求时,小团体才会成为自组织。为了建立和维护关系,自组织治理会产生关系成本。

---

[1] 有可能因为亲缘和地缘关系会产生一定的非志愿性,但因为情感性、认同性关系形成的小团体,不同于交易关系和权力关系的团体,所以仍归类为自组织。

三种治理机制特点的对比详见表5-1。

表5-1 三种治理机制行动逻辑特点比较

	自组织制（社群）	层级制（政府）	市场制
思想基础	社群主义	集体主义	个人主义
权力基础	小团体自治权	大集体的暴力垄断权	个人权利
人性假设	镶嵌于社会网的人	组织人	理性经济人
关系基础	情感关系	权力关系	交易关系
行为逻辑	关系逻辑	权力逻辑	竞争逻辑
成本来源	管理成本	关系成本	交易成本

苹果公司因重视"用户体验"取得的巨大成功告诉我们，谁能更好地把握市场需求，谁就能掌握市场。在层级制的组织模式下，大大小小的决策都需要通过企业内部层层反馈，最终再由最高层做出。在这个过程中，市场信息的层层传导、企业决策的反复酝酿、企业内部不同部门的反复对接，其实都会消耗时间，使企业对市场需求的反应相对迟钝，企业生产的产品往往不被市场认可。市场形势瞬息万变，市场机遇稍纵即逝，内部创业团队自组织的出现，能够有效整合组织资源，充分与用户交流，精准掌

握差异化的市场需求，及时针对市场需求做出调整，将研发、营销、生产变成流畅的整体，从而更高效地因应市场变动。

以色列创业家约西·瓦尔迪在20世纪80年代编制了一份包含34家科技公司的列表，这些公司在当时被誉为"超级成长股"，但是20年后，其中的23家已经倒闭。互联网、资本市场、全球化这三大因素的力量如此强大，在几十年前，没有人能够预料到。

在企业和组织中，斯隆模式曾经大行其道。斯隆模式是由曾经的通用汽车前总裁阿尔弗雷德·斯隆提出的，它将管理变成了一个可靠的、类似机械般精确的程序。在这种思想的指导下，企业变成垂直型的组织结构，一个企业内部自给自足，进行完全的垂直整合。曾经，福特汽车公司甚至饲养为汽车座椅提供羊毛的绵羊。

现在斯隆模式逐渐被人们淡忘，许多西方大企业已经打破了企业的围墙，与供应商建立起广泛的外包关系或战略联盟伙伴关系。例如，IBM（国际商业机器公司）与思科已分别建立了超过10万个商业伙伴关系，在公司内部也打破了一条鞭式的自上而下管控的层级治理。又例如，美国盈利颇佳的食品零售商全食超市以每平方英尺的盈利能力为判断依据，组建自治团队，团队成员控制着从公司员工人数到公司股票等一切事务：他们投票决定是否允许一个潜在的新雇员加入团队，并集体决定上架什么货品。

韩都衣舍的小组制正是利用了自组织的优点，将运营体系放到每一个小组里面，使得小组产出的正是用户需求的服装。公司只是在IT（信息技术）、仓储、供应链、客服等方面为小组提供支持，起到一个平台的支撑作用。

自组织的优势不仅在于内部的灵活性和对市场的适应性，还在于这一组织形态具有相对低廉的试错成本。市场的发展趋势也许有很多种可能，对于一个大型企业而言，很难兼顾不同的市场发展方向。但是当企业内部形成众多独立的自组织创业团队后，不同的团队可以适应不同的趋势做出各自的探索，虽然其中可能会出现一些失败，但是由于创业团队规模小，对企业整体造成的损失不会太大。

同时，越是小规模的团队，调整产业方向越容易。某个团队在试错之后，可以很容易地调整产业方向，这对于大企业则艰难得多。诺基亚在智能手机时代遭遇滑铁卢，微软在互联网时代发展滞后，都值得大企业警醒和反思。相反，腾讯集团内部微信团队等独立团队的成功，谷歌集团内部谷歌眼镜、无人汽车等独立研发团队的探索，都毫无疑问地在一定时期赢得了市场先机。

在吴晓波刚刚出版的《腾讯传》一书中，吴晓波和张小龙的一段对话详细描述了微信正式上线前的故事。微信的雏形——张小龙的类KiKi（盛大开发的一款网络通信软件）产品——立项于2010年11月20日，他当时带领着一支不到10人的小团队，用两个月左右的时间完成了第一代研发，定名为"微信"。微信成功后，很多人都在问一个问题："为什么张小龙成功了？"就公司哲学而言，张小龙虽然是"微信之父"，但微信的成功，归根结底是腾讯的成功。一开始，微信完全不是腾讯的核心产品，当时，在腾讯公司内部的无线业务部门，就至少还有两支团队在同时进行类似产品的研发。面对市场的发展，三支团队在系统内部展开了竞争。

但是，由于这类产品与手机QQ（即时通信软件）有

第五章 自组织：新系统的动力与秩序

太多的相似性，另外两支团队始终没有全力决然地投入。在腾讯内部，**QQ**的基因毕竟是强大的，很多人都不能以全新的视角看待移动互联的需要，这给了远在广州的张小龙团队一个机会。最后，其他团队只能眼睁睁看着微信一枝独秀、突飞猛进。其实从业务分工来看，张小龙领导的邮箱部门并不拥有这类产品的研发权限，但腾讯的企业文化一直有内部赛马机制，所以对于团队来说，如何使用资源并不重要，重要的是抓住机遇。在微信研发和上线的前几个月，腾讯的态度几乎是"不干预"和"放任"的。直到2011年7月，微信自我生长到一定规模的临界点，战略性拐点出现，腾讯才出手，开始全面发力微信的推广与导流。

腾讯的内部竞争机制让企业保持了一种面对外部竞争的紧张性，像张小龙的微信团队这样的独立自组织创业团队，在腾讯内部还有很多。和微信一样，包括**QQ**秀、**QQ**空间等热门产品，一开始都不是腾讯核心战斗团队的产品。在腾讯内部的大环境下，这些小规模的自组织团队对于产品创新往往负担很轻，"船小易掉头"带来了较低的试错成本和较高的创新自由度，正是这些自组织团队给腾讯带来了源源不断的活力和创造力。

这是一个系统内自组织带来边缘创新、主动适应外界变化的良好范例。腾讯内部三个团队自组织做一样的事情，在过去绝对会被认为是浪费资源；但在腾讯，自组织却受到鼓励，而且边缘而独立的探索也受到保护。通过小团队的"实验"，再向全系统推广，成为系统体制的一环，所以才会有微信的成功。

简而言之，企业内部大量的自组织团队，为企业提供了更多的发展可能。如果成功的概率是1%，100个自组织团队中总会有一两个探索成功，这比一个大企业孤注一掷押宝某一市场趋势成功的概率大得多，而失败付出的代价则要小得多。

这些案例都证明了，自组织并不仅仅是存在于中国的偶然和个例，而是经济社会规则近些年来快速转变下的必然产物。中国企业传统上就存在大量的自组织现象，西方企业近几十年也有这样的发展趋势，东西方企业组织的发展路径在这里交汇。

第五章　自组织：新系统的动力与秩序

你的治理机制选对了吗？

我们也要保持警觉，虽然自组织在信息时代的营销、创业、组织管理上成为关键力量，但千万不要把自组织当作解决一切新时代问题的灵丹妙药。良好的治理一直都是层级制、市场制与自组织制三者并存、产生综效的成果，而且从复杂思维观之，善治往往是三者动态平衡的结果。有时这个多一点，有时那个多一点，更重要的是，三者各有其特别适合的治理对象，不同事务的治理之道还需个别分析。

2009年的诺贝尔经济学奖由奥利弗·E.威廉森和埃莉诺·奥斯特罗姆两人共同获得。威廉森和奥斯特罗姆研究的都是治理理论，前者探讨的是治理的外在环境如何影响治理机制的选择，他同时提出了网络也是一种治理机制，这印证了后者提出的一种崭新的公共事务治理方式——自我治理（self-governance），也就是我在本书中谈的自组织。

威廉森的交易成本理论认为，交易频率、资产专属性、环境和行为不确定性会影响治理机制的选择。当交易频率高并且交易对象的资产专属性高，环境和行为不确定性也高的时候，交易的不确定性变大，此时交易成本太高，不适合市场制治理，而应采用层级制治理，将交易内化到组织内部，这样能够降低交易的风险和成本。在相反的情形下，采用市场制的方式获取资源就变得更为经济。在威廉森的分析中，网络治理方式（如战略联盟、外包等）首次被提了出来。

在经济学与管理学理论中，自组织被称作网络。不过它被当作市场与层级的中间形态或混合形态，也就是当交易频率、资产专属性、环境和行为不确定性都不高也不低时，就会采用这样的治理机制。

然而，鲍威尔明确提出，网络不是层级和市场中的中间形态或过渡形态，而是一种新的第三种治理模式。如图5-1所示，与层级制或市场制相比，它具有独特的治理机制、内部运行逻辑和规则。

格兰诺维特的镶嵌理论指出，威廉森的分析忽略了一个重要因素，即人与人之间的信任。员工之间的不信任和内斗实际上占管理成本的比重很大。信任可以大大降低组

第五章 自组织：新系统的动力与秩序

织内的管理成本，从而改变对治理机制的选择。我引申其意认为，当一笔交易在层级中的管理成本太高，而交易各方的信任也充分时，层级治理未必是好的选择，而以信任为基础的自组织治理才是使交易成本最低的选择。

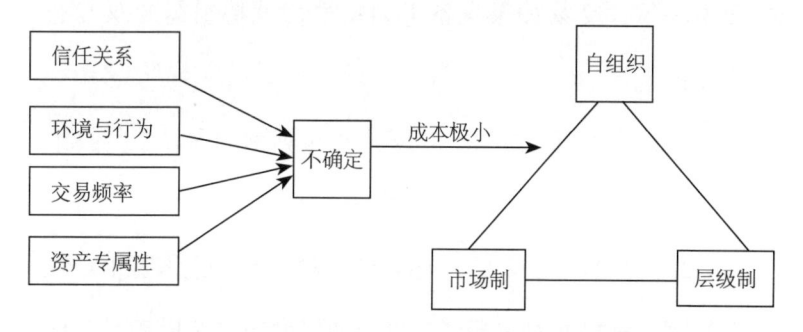

图 5-1 "交易成本—镶嵌理论"的治理机制模型

在前面这些研究的基础上，我提出了"交易成本—镶嵌解释"架构[①]，在威廉森交易成本理论模型中，增加了信任关系这个变量作为治理结果选择的前提条件。当不确定性高时，交易成本太高，如果交易各方的人际信任也充分，那么此时治理机制的选择不必要内化到组织中成为组织内部的交易，而可以采用自组织的方式，运用信任关系和协

---

① 关于此架构的详细解说请参考笔者的《中国人的信任游戏》一书。

商机制降低交易成本。

基于这些理论的综合讨论，可以非常简单地说，当一笔"交易"的供给与消费双方信任需求很强，而信任的供给也充裕时，自组织就成了最好的治理选择。简单归类一下，交易如果具备下列特性，就特别需要双方的信任：

1. 行为不确定性高，很难用可观察到的评量工具收集绩效指标，尤其难以用统计数字说明绩效。

2. 产品是多区隔的，甚至是一对一的。这需要相对独立的团队直接面对消费者，可以随机做出决策以满足多样化的需求。

3. 产品是感受性的，这也需要相对独立的团队直接面对消费者。

4. 产品是合作性的，需要供给者和消费者合作，产品才能产生效用，如教育、医疗、社区治安等。

5. 环境高度不确定，需要弹性随时应变，双方很难在制度性的沟通中一起应变。

6. 交易双方没有利益冲突，比如一些对赌的金融产品就会破坏信任。

7. 信息高度不对称，如医师、律师、会计师、知识产业研发人员作为供给者，消费者和他们在专业知识上有很大差距，很难全懂这些领域的知识。

当一笔交易有了这些性质的时候，它就需要较强的人际信任才能完成，如果刚好信任的供给充足，此时最好的治理机制不是层级制，而是自组织制。如果人际信任不足，就一定要用制度规定所有交易行为的细节，在层级制中，管理成本会极其高。综合上述，我们得到表5-2作为此节的小结。

表5-2 三种治理模式的适用时机

	市场制	自组织制（社群）	层级制（政府）
秩序来源	看不见的手	社群伦理，自治理机制，小团体内的监督	看得见的手，权力控管
适合环境	低频率互动、低资产专属性，低行为及环境不确定性时	高频率互动、高资产专属性、高行为及环境不确定性时，但交换双方行为不易于观察、衡量、统计，需要双方信任时	高频率互动、高资产专属性、高行为及环境不确定性时，但交换双方行为易于观察、衡量、统计

以创新为例，尤其是颠覆性创新，其一些特质就特别适合自组织的治理模式，比如行为不知道会不会成功，很难拉出一个成功的进程与时间表用来监督并考核，所以行为不确定性极高，其外在的环境不确定性也极高。越是创新的产品，越是不清楚将来面对消费者、竞争者与政策会有什么样的变化和行动。另外，信息不对称问题也很严重，创新者与系统管理者或投资者之间存在极大的专业知识落差，可能管理者或投资者并不十分清楚创新会带来什么结果，创新者极易不会把创新的想法贡献给组织，而会留为私用。还有，创新过程需要创新者与管理者或投资者密切合作，创新者拥有的可能只是创新产品的专业知识，需要投资者在金融、管理、生产与市场方面进行指导，才能完成创新。因为这些特质，所以在创新过程中，自组织是一个适合的治理模式。

这就是创新型企业会大量采用自组织治理机制的原因，也成为创业是一个经济体创新最主要来源的原因。

信息时代经济与社会环境变化极快，所以我们强调的是在系统内不断创新以适应外在环境的快速变化，这就是自组织治理在信息时代复杂社会中受到重视的主要原因。

第六章

自治理：
在系统中发挥自组织的功能

愚人节是每家互联网公司玩各种花样的时候，总有一些公司会在4月1日这一天做出异乎寻常的举动，谷歌就曾经在这一天推出Gmail（电子邮件应用）。2017年最出风头的公司，是红迪网（Reddit，一个靠投票和用户贡献来生产内容、用户参与度很高的网站）。

红迪网上线了一幅叫作Place的空白的巨大画布，每个用户每10分钟会得到一个机会，可以选一种颜色，在上面点一个点。规则本身非常简单，Place可以被理解成一个大型的开放世界多人在线游戏，它始终保持着几万人同时在线。10分钟画一个点这个约束让它变得非常像现实世界，个体在这里非常无力，人们必须组织起来才能达到很微小的目标。在这种完全自由、不受管控、只有简单规则的活动里，人们会产生怎样的互动？

游戏开始没多久，画布上很快就开始出现各种成形的图案。最早出现的图案有点像街边墙上拿粉笔随手画出来的涂鸦，基本都是人们心领神会的组合。但很快，人们迅速组队，开始出现有分工的组织，图像创作水平大大提高。

人们开始使用更复杂的工具，在聊天工具上建立沟通机制。比如我参加的PlaceCanada，绘制加拿大国旗和魁北克省旗的问题迅速得到了解决，人们通过协商谈判达成共识，魁北克省旗占据加拿大国旗的一个固定比例，大家一起扩展和移动。同时，人们还逐渐建立了和其他组织的沟通，比如和1G组织谈判，希望对方向上移动4格，以便加拿大扩展国旗面积。

其中还有一些有趣的组织，比如"蓝角"，他们的目标是从右下角开始，逐渐把更大的面积染成蓝色。因为行为模式简单，起初很容易吸引参与者。但很快，他们的计划就无法持续了。蓝色区域扩大到一定面积之后，其他人开始以蓝色的区域作为画布背景，在上面画出新的图案，最终蓝色区域被各种图案完全占满，成了背景。这也颇似现实情况，的确难以清除极端组织，但也不可能让其无限制扩展。最终证明创造和建设会吸引更多的人参与，共同的文化认同感才是一切的基础。

最出色的组织是动漫、游戏、国旗等有强烈身份认同感的组织。他们本身也有完善的组织，很容易组织起来完成符合自己文化认同的目标。还有一些人组成了"修理工"组织，口号是"不参与任何争端，只修复被破坏的东西"。他们修补了新用户随便测试造成的破坏，以及一些无组织的个人破坏行为，算是秩序的维护者。

想到背后发生的这些事情，人们如何组织起来、如何确立目标并实现它，是非常令人震撼的。互联网和工具改变了太多的事情，虽然人类的本性并未怎么改变，但更好的沟通方式和工具确实能改善行为模式。就算在四处都是仇恨言论和互相攻击的互联网上，就算没有管控，人们仍然可以通过对话自发形成秩序，创造出不错的作品。①

这个案例给了我们很多关于虚拟线上社会的启示，对我们在前言中提出的信息时代复杂社会的未来发展颇具意义。

第一，人们有强大的认同，就会自组织在一起，产生协商，建立自治理规则，产生社群行动的秩序。认同的力量再次得到印证。

第二，大画布上可以多元并存，但也有相互看不顺眼的破坏，这是具体、微小的"文明的冲突"。

第三，有组织的单一力量会被有意义的多元力量消解。

第四，维持多元包容的正面力量会自组织起来，主动地去"修复"相互破坏带来的失序。难怪此文作者说他在这个过程中看到了希望。

---

① 节选自公众号文章《参与这场线上大战之后，我觉得人类未来还是有希望的》，作者：霍炬。

第六章 自治理：在系统中发挥自组织的功能

从"自己人"到自治理

本章开篇描述的有趣的画布大战呈现了一个典型的自组织过程。

自组织的形成通常需要经历一个过程，这个过程中的 5 个步骤正是研究自组织动态发展的 5 个方面。

第一步是一群人聚拢，彼此之间的社会联系增多，关系越来越密集。其中能人扮演了关键角色，他们首先投入行动，动员自己的关系，逐渐聚拢了一群人。比如，Place 画布开始聚集了几万个用户，从零散的点开始出现成形的图案。

第二步是小团体产生。随着内部联系增多，这群人与组织内其他人的关系渐渐疏远。这个阶段，如果用社会网分析[①]（network analysis）的方法进行小团体分析（clique analysis）就可以发现，这一群人内部的关系十分密切，而外部的关系则很疏离，这时就可以认定它是一个小团体。

[①] Wasserman, Stanley and Katherine Faust. Social Network Analysis: Methods and Applications[M]. Cambridge: Cambridge University Press，1994.

比如，游戏开始后不久，Place画布的玩家便迅速通过共同的文化认知开始组队。

第三步是小团体找到一个共同的团队目标，开始着手为实现这个目标而采取集体行动。比如，每个Place组织都会确定一个共同要画的图案作为目标。

第四步是小团体的内部产生认同。内部人开始清楚地认识到自己与团体之外成员的差别，意识到自己的成员身份。比如，Place画布的各个组织之间会产生冲突，同时也会协商。

第五步是团体还会逐步演化出团体规则和集体监督机制，以确保共同目标的顺利达成。比如，Place画布中的"修理工"组织。

形成小团体并产生认同，会使一群人的关系网密集且持久。只有当有了集体行动的需求时，小团体才会是自组织的。自治理的成功建立在这样的自组织过程中，在这个过程中，关系的、结构的与认知的因素培养了信任、互惠与声誉机制，促成自治理机制，进而保证了合作行为的持续。

我们称这种网络结构的形成路径为一个自组织的过程，这个过程往往就是第二章中所讲的引爆系统结构临界点最重要的一个因素。可能小小的自组织活动，刚好在结构与行动的演化中产生了"蝴蝶效应"，小搅动引发了系统的大改变。

图6-1就展示了一个基于社会团体的研究，如协会、学会、非政府组织、社区团体、基于兴趣聚合的俱乐部以及网上的虚拟社群等，形成并开展集体行动的过程。

综合对自组织过程的观察和奥斯特罗姆的自治理模型，我们可以得到如图6-1所示的一个自组织过程分析架构，作为建立自组织的参考。

能人出现

任何一个自组织都会有一个核心人物，哪怕是一群志同道合的人走到一块儿，也会有一个人或少数三五个人成为核心成员。这个人或这一小群能人对自组织特别重要，他（们）一定是最热心的人，有动员能力，对某一个目标十分执着，有组织能力和行动力，所以能够发起集体行动，而且愿意为目标牺牲眼前的短期利益，号召更多的人加入集体行动。在一个自组织的治理机制完善之前，能人还必

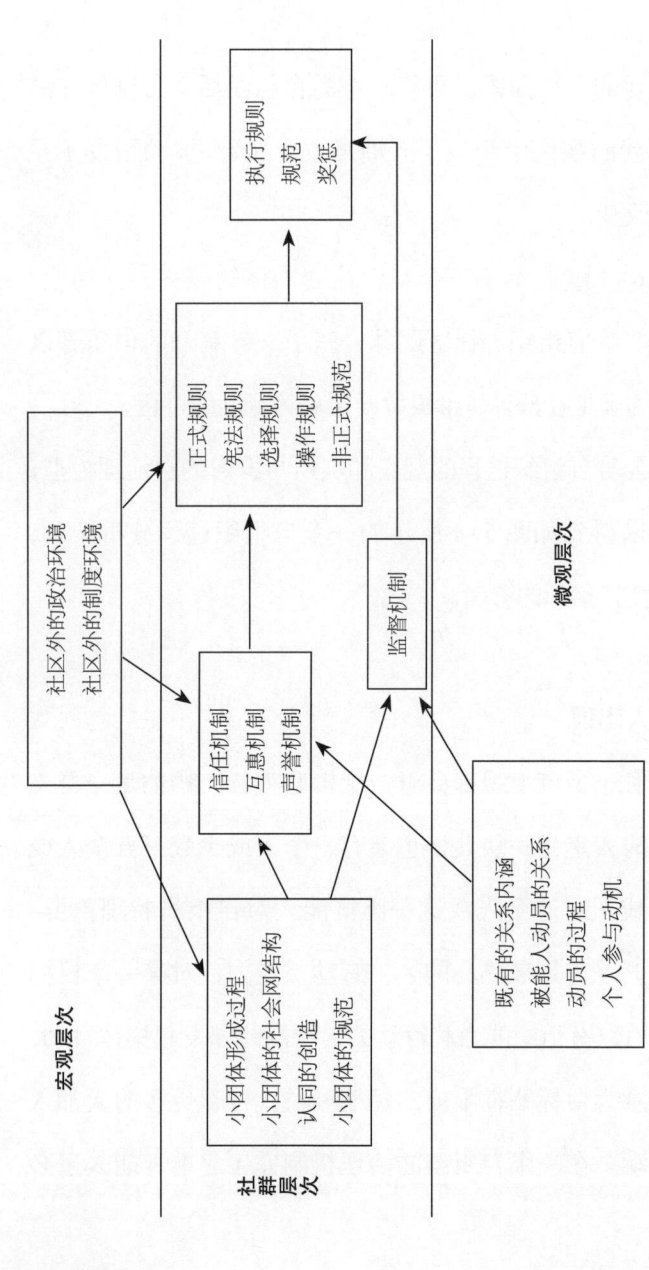

图 6-1 一个自组织治理运作机制（过程）的理论架构

须协调各利益相关方的利益,成为大家最信赖的对象。虽然自组织强调的不是自上而下的管控,而是每个成员积极主动的行动,但如果没协调好团体成员之间的争执,互信不足,小团体就会散架。

动员关系

在组织规模较小的时候,一项集体行动的参与者的成本大于从行动中得到的利益,所以第一群被动员的人,不是和能人关系亲密,就是对行动理念非常认同。也就是说,这是一群能牺牲短期利益却看重长期可能收益的志愿者,所以我们要分析:第一,谁动员了这些人?这些人的身份是朋友、同事、亲人、网友、共同兴趣团体,还是有共同志向的人?关系有哪些特别之处?形成信任的基础是什么?第二,动员过程是什么?怎么动员?被动员者的动机是什么?大家是否有利益不一致的地方?

形成行动的小团体

一群人在一个行动目标下渐渐聚合,就开始有集体行动，有分工、有整合、有任务的分派，也有工作成果的相互监督。能人在其中的协调作用十分重要，而且除了协调内部的行动之外，还有外部关系，包括和其他伙伴的合作，以及它的管理单位的授权，比如非政府组织要得到地方政府的授权，企业内创业团体要得到企业的授权，要不然，集体行动的成果将很难合法化。

建立认同与规范

小团体形成之后，为了有效凝聚大家的行动，在没有自上而下的管控之前，依赖的主要是团体成员的认同感与大家自动遵守的规范。所以成员对团体目标的向心力十分重要，并因此有一种引以为傲的感觉，对志同道合的其他成员产生"自己人"的认同，这是情感关系之外，认同信任的主要来源。除了信任的关系之外，集体行动也需要有一致的规范，大家在合作的过程中，默契是一点一点建立的。渐渐地，什么事是受小团体鼓励的，什么事是不能做的，成员有了共识，这可能是写下来的正式规则，但更多的是不成文的非正式规范。有了这样的规范，团队成员才不会想把事做成却做了坏事,也不会因大家做事原则不一致产生矛盾。

确定网络结构与团体扩大

一个小团体的集体行动有了一定的成效后,利益会逐渐扩大,参加的人也会逐渐增多,此时一定要有健康的内部网络结构,否则很容易就会出现内斗内耗。尤其是当分配的利益大过成员需要分摊的成本时,就会有大量的人因为利益而加入,和小团体时因为情感关系与共同理念而结合非常不一样。此时,我们必须注意网络结构的健康,有没有出现分裂的山头及派系?有没有和主流团体格格不入的小团体?有没有很多游离在外的边缘成员?不同的利益相关方会形成小团体,但它们之间会不会出现结构漏洞?有没有一些将大家连接在一起的桥梁?核心团体中有没有各方利益的代表?

当然,在健康的网络结构之外,此时更重要的是建立一套自治理机制,包括正式规则和非正式规范,声誉传播,相互监督,以及互惠的利益分配机制与有效的执行规则。

复杂

避免成为"乌合之众"

自组织形成之后,就要考虑如何建立自治理机制。这个议题长期被经济学界忽视,直到2009年诺贝尔经济学奖颁给了奥斯特罗姆。

奥斯特罗姆是在公共管理领域提出"自组织是第三种治理模式"的先驱。过去在研究公共资源治理时,一个常见的问题就是"公地悲剧"。由于公共资源没有明确的归属,人们在使用时往往会从个人利益最大化的角度出发,忽视对资源的保护和长期管理,结果很容易导致对资源的破坏。传统上,解决这个问题有两种思路。第一,依靠市场,通过机制设计让使用者付费,或用私有化的方式,将公共资源转化为私有财产。然而,现实中完全私有化的方式常常不可行,机制的设计也很难做到完美无缺。第二,依靠政府,将公共资源归公,由政府决定谁有权使用、如何使用等问题。这种方式的一个风险是,掌握权力的人很容易滥用职权,出现贪污腐败等弊端。奥斯特罗姆则发现,存在一种在政府与市场之外治理公共资源的可能性。

第六章 自治理：在系统中发挥自组织的功能

自组织的自我管理存在三种不同层次的规则，由低到高分别是操作规则、集体选择规则和宪法规则。操作规则直接影响人们的日常决策，比如何时、何地及如何提取资源，谁来监督并如何监督他人的行动，何种信息必须进行交换，何种信息不能发布，对各种不同的行为和结果如何进行奖惩等。集体选择规则涉及操作规则的制定和变更过程中的决策权。最高层次的宪法规则则决定了资产的归属、自治权的大小，以及和外界环境的关系。

奥斯特罗姆认为，对这三个层次的规则来说，一个层次的行动规则的变更，会在较高一层次规则的监管之下。想要变更高层次的规则通常更困难，成本也更高。因而，从这个意义上讲，对自组织而言，宪法规则是最重要的，自组织的实现必须首先有相匹配的宪法规则。奥斯特罗姆总结出了一些共通的"设计原则"，即成功的自组织治理都具备以下8个基本因素。

1. 清晰界定边界：一个自组织的成员固然会有进有出，但是在一定的时点上，所有利益相关者必须十分明确，这样成本由谁负担、资源由谁分享才会有清楚的界定。

2. 分配规则与当地条件保持一致：分配的资源要与当时、当地拥有的资源相一致，据此商议出分配规则，并且在一个行业协会中，分配规则必然要与行规相配合，在一个社区中必然要与乡规民俗相配合，才能使利益相关方感觉公平。

3. 集体选择的安排：谁有资格参与分配规则的制定，要有清楚的界定，一定要让利益相关方都参与进来。

4. 监督：积极检查行为各方有无违反规则的情况，负责检查的制度设计固然重要，但相互监督、相劝为善更重要，以避免层级制中都是自上而下的检查，组织成员却集体建立潜规则以逃避检查。

5. 分级制裁：针对违反规则的自组织成员要有相应的制裁方法。一个大型的自组织，如全国行业协会，会有数层子系统，自组织之上也有管理层，所以制裁是层层往上、分级而行的。

6. 冲突解决机制：利益相关方如果有利益冲突，可以使用内部协调机制，不到万不得已，不应求助于上级管理单位或法律仲裁。

7. 对组织权力最低限度的认可：自组织的权力来源是

上级管理单位授予的自治权,比如各级政府对其下的协会、非政府组织、基金会的授权,以及企业对组织内自我导向团队(self-directed team)或内部创业团队(internal star-ups)的内部授权。授权范围之内才是自组织的自治权边界,超出之后,仍会由国法与公司规章来管。授权不足,事事都管,自组织就没有存在的意义,和层级制就没什么两样了。

8. 分权制组织:自组织成长到一定规模,就会层层分化出子系统,每个子系统又有其被授予的自治权,在权力边界内完成上述 7 项自治理工作。一般而言,一个最基层的子系统以几十人到一两百人为主,且以 500 人为上限,因为 500 人以内,大多数人直接认识他人,较易凝聚共识,也较易相互监督、互劝为善。超出这个规模,就会有很多相互陌生的成员,产生很多信息不对称的问题,一些人甚至有了欺骗他人的机会。

自组织过程要到自治理机制建立完善之后才能算成功的自组织,因为一群人聚合在一起去做一件事,可能只是乌合之众。有一个能人领导着有组织性的人集体行动,把事情做成了,可能也只是一时一地之事,不会长久。只有

复杂

这群人发展成自组织,并建立有效的自治理机制,集体行动才可能长久,并带来长期的利益。

如何产生有序的创新力量

社会中存在自组织,企业内也有自组织,尤其今天最为人津津乐道的平台企业、产业生态链、朋友圈营销、粉丝经济都利用了自组织的治理模式。然而作为一个系统的领导者,应如何营造一个良好的环境,让自组织在系统中能发芽成长呢?既然自组织来自系统成员主动积极的作为,就不可能使用命令、规章、管控、分派任务的方法,只能在系统中营造一个良好的环境,让自组织自然发生、自我发展,最后为整个系统带来创新与进化。

自组织自由发生、自我成长,应如何使它们有利于整个系统,放而不乱呢?好环境又是如何营造的呢?

放权

放权可以释放一个系统内部的活力,这是显而易见的

第六章　自治理：在系统中发挥自组织的功能

效果。如上所述，对自组织授权是建立自组织的基础，也是自组织取得合法性，能安心自治理、自发展的关键。在放权的过程中，自组织出来的团队成员都是基于信任的关系和共同的目标走到一起的，在合作的过程中会因为信任关系而降低沟通成本，因而一般会运转得比较顺畅。如果随着业务的扩大，自组织团队人数不断增加，依照中国社会差序格局，那么势必存在一个新旧成员之间的圈子问题。在这个问题方面，韩都衣舍的小组制就解决得比较好，它以品牌为单位不断分裂出新的小组，也支持小组内成熟的人站出来另建小组，永远保持小组的精干和活力。

同时，不同自组织之间的效率不同，收益也不同，一定程度上会让员工之间产生心理落差。这就涉及设计一个公平、公开制度的问题，能让所有员工都看到，收入是非常公平、公开地和小组的绩效挂钩的。这样即使员工觉得自己收入低，也只会变成努力前进的动力。

上面提到的韩都衣舍的小组制，使得韩都衣舍旗下迅速扩张了上百个品牌小组，很快坐上淘宝女装品牌第一的位置。但首席执行官赵迎光发现了这种组织的缺点：不同品牌小组之间的水平参差不齐，品质稳定性存在差异；买手团队能力的培养至少需要两年才能成熟，人才培养方面的时间成本较高；对供应链等平台化服务的要求较高，需要对上下游环节之间的衔接进行管理。

寻找能人

在自组织过程中，起步一定是从能人开始的。能人固然是自我造就的，绝不能再是"说你行，你就行，不行也行"，在自组织过程中，不行就真的不行。但能人也可以靠积极寻找、努力培育得来，只是有时静待能人出现，无疑太慢也太消极了。

法国企业欧莱雅的内部创业制度就是很好的例子。欧莱雅深谙对于员工来说，最强的激励是承包，因此建立了一整套内部创业制度，鼓励员工创新和内部创业。为此，欧莱雅先是在全球范围开展创业大赛——"寻找挑战者"，到处征募人才。选择挑战者的标准不只要看他的业务能力，更要看组织能力，包括主动积极、有远见的视野、敢于牺牲短期利益以面对不确定性，以及良好的人际关系能力等。

第六章　自治理：在系统中发挥自组织的功能

欧莱雅为员工提供了很好的培训。在提升员工能力的同时，使员工和公司之间建立起高度信任感和认同感。

公司会为挑战者拟定良好的生涯规划，让挑战者充分了解并表达自己的人生规划，有效沟通，并随时追踪以及进行必要的修改，以提供良好的赋能方案。

欧莱雅也高度重视文化建设。正是充分的培训和文化建设，使得勇于挑战的员工建立的自组织符合公司整体的发展方向，不至于脱缰而去。其中，最重要的是师徒制，年轻的挑战者都有师傅手把手教导，这是文化传承最有效的方法。

然后，欧莱雅会把他们放到各个岗位上历练，让他们了解建立品牌的方方面面，再把他们放入小的子品牌中增加管理品牌的经验，直到他们成熟，才能成为内部创业的种子。

事实上，今天国内很多公司的承包、挂靠等类似自组织的工作，都是由于缺少前期能人培育与信任建立的过程，结果造成控制不力，形成"一放就乱"的局面。欧莱雅则采取了先建立一整套公司与员工之间高度信任关系的文化，然后才敢将员工放出去成为自组织的挑战者，这种方式使得公司充满了创新性和活力。

赋能：发展健康的网络

能人找到了，就要让他发展小团队，找自己志同道合、有信任感的成员，这时系统领导者不宜介入太深，但可以在建立与管理团队的过程中进行辅导。

首先，如何使一个团队取得成功？第一，分析哪些网络有用，重点是信息网络和情商网络。假设某个系统有500个成员，就把这500个成员的信息网络与情商网络图画出来，哪些人可以扮演哪些功能、哪些人相互不合，把这些信息提供给能人参考，从而组建团队核心。第二，找出在未来自组织过程中的关键人物，比如要做哪些网络分析、哪些事值得做。

其次，谁是网络中心？能人的中心性很重要，一个情商很高的人对团队的影响力会很大。我们都知道，一个团队一旦离开公司，实际上就很难用正式的权威控制，尤其这个团队的能人在正式的权力结构中的层级比团队成员还低。能人如果同时是信息能力与情商都很高的人，这表示他除了业务强之外，还可以用影响力来带动大家。同样，工作过程中一旦发生了协调不好的情况，能人可以有足够的影响力充当协调者，使大家的工作方向能够趋于一致，采取一致的行动。如果能人只是一个业务能力强的人，是信息网络的中心，那么这个团队就应该有一个高情商的人与之配合，才能顺利推动自组织的发展。

最后，谁当联络官？团队关系网络的密度是另一个重要因素，对内、对外关系密度太疏的团队一定有问题，因为团队需要有在情商网络和信息网络上对外联系的联络官，以协调团队与其他团队或部门一致行动。

在选择团队成员的时候，假设他们和另一个部门有合作：这个项目计划可能跟工程部门有关，也可能跟设计部门有关，团队最好应有一个跟这些部门都能保持良好关系的联络官，使信息的传递更顺畅，使团队与外部的资源匹配，实现无障碍沟通。另外，如果一个计划不是单一团队能完成的，还需要公司其他团队或部门支持，那么必须选一些与相关部门保持良好关系的人加入团队作为联络官，这样团队才能够跟其他团队或部门协调沟通。

所以在选择团队成员时，除了情商高的人很重要之外，要辅以能人，协调内外部资源，还要请一些信息能力强的人加入，因为他们很容易成为团队与另一个部门或另一个团队的联络官，可以协调这个团队跟其他资源的合作。

礼法并治：建立治理自组织发展的制度

自组织是活力、创新、系统进化、基业长青的来源，也可能是一个系统"一放就乱"的原因。所以系统中的成员在被授权赋能以建立自组织之前，要充分了解整个系统的方向与行为底线，才不会在获得授权后任意而行。这有赖于系统领导者为系统建立制度，包括"礼"（非正式、不成文的制度），也包括"法"（正式制度）。

一个好的自组织治理一定是强调礼法并治的。礼治来自德行领导，也就是系统领导者以身作则建立组织文化；法治是公平的基础，有了礼法并治才能够治理好自组织。

礼虽在企业中可以简单地理解成组织文化，但中国的组织文化有其独特之处，不能用西方的概念完全解释，因

第六章 自治理：在系统中发挥自组织的功能

为它的外在有一个中国人如何处理关系的人伦法则、关系导向的行为模式，内在有一个以家为核心的组织原则作为参照体系。组织文化的背后一定有其社会文化作为参照体系，好的组织文化一定不会违背"善良风俗"，并为社会所接受。中国人的礼治背后绝非只是一个企业自行创造的文化，而必然有中国人作为处世的原则，这些有待中国的本土管理学者进行研究。

法的内涵，包括组织结构、组织制度、工作流程、企业规章等，是现代管理学的强项，也是我们急需向西方管理学学习的地方。但礼往往来自文化传统，西方人无法理解中国人的人情运作，所以我们要发展中国本土管理学，解开人情背后的礼是什么、礼在企业中会展现出怎样的组织文化、礼在今天中国社会剧烈转型中的现代含义又是什么、礼与法在自组织中如何交互运作（一方面有组织绩效，一方面又有和谐关系）。

在这里，我们举利丰集团的一个案例。利丰集团是中国香港历史最悠久的出口贸易商号之一，它采取类似自组织的管理之道，其内部的"小约翰·韦恩"制度是一种自组织制度，很好地诠释了自组织治理中礼法并治的特点。约翰·韦恩是美国传统西部影片中，在偏僻地区抵御外敌攻击的牛仔。利丰集团中的"小约翰·韦恩"制度，实际上是鼓励成员自组织，各个单位的能人好比"小约翰·韦恩"，一手拿着手提电脑，一手挥舞着刀剑，在新的事业部里寻找商机。一方面，利丰赋予了"小约翰·韦恩"们充分的自由和自主权，并派出支持他们的"马车车队"，即为其提供后勤部门与中间部门的支援，支援会计核算、人力资源调配以及信息系统建设。另一方面，利丰又采取了一系列正式的治理机制手段来控制他们，以防止"小约翰·韦恩"们出走、隐瞒收入或滥用品牌等风险。这些措施主要包括以下三个方面：

1. 严格的财务流程。

2. 现金流集中管理。

3. 建立公司的资料库，从而使得"小约翰·韦恩"们需要依赖总部才能获得充足的信息支持。

这样，一方面给予自组织充分的自由和尊重，另一方面仍保持对其财政权和供应商的控制。正是依靠两者结合的管理，利丰的"小约翰·韦恩"制度才获得了极大的成功。

以诚为本：建立系统的价值与愿景

当然，要想"放而不乱"，制度设计与治理机制固然重要，但只有制度是不够的，系统领导者的诚意也是不可或缺的。领导者个人的诚意会感动别人，会变成组织文化，会形成组织愿景。"道不同不相为谋"，志同道合才能聚群成事。个人的"道"会传染、会聚众，进而成为一群人的"道"，可以放之千里之外而不离经叛道。

所谓"诚"，就是说作为领导者，要让成员相信你的商业模式具备优势，你倡导的愿景是真诚的，让成员在发挥自组织作用时有方向感，并且会给予成员相应的回报。只有真正转变思维，在实施过程中给予成员扶持、回报，才能真正激发他们发自内心的努力。领导者个人的诚意会感动别人，会变成组织文化，会形成组织愿景。自组织是一些人因为共同的理想、兴趣、愿景而走到一起，所以"诚"是倡导这些理念、愿景的第一步。

复杂

海尔电脑平台的负责人周兆林说："员工想创业，我的平台却不支持；用户有创意，我的平台上却没资源来实现，这些都是平台主应负的责任。"正是有他这种主动积极地转变原有传统企业层级制的管理观念、真心实意地相信平台化愿景的管理者，才有海尔如今的顺利转型。在接下来的组织管理中，如果海尔持续朝着平台化的生态系统愿景走下去，相信孵化出的小微企业会在生态系统中不断成长。当他们所需要的资源完全可以得到满足时，所谓的脱离门户，甚至在脱离后与原公司反目，这些应该不会在他们的考虑范围之内。

这个世界上没有毫无缺陷的经营模式，自组织作为一个自治理、自运行的独立体系，团队之间的耦合和管理、团队与整个公司系统之间的耦合，两方面都是非常重要的，所以出现失序并不奇怪。随着与用户零距离接触的互联网时代的到来，自组织在企业中有了新的形式和特点，却依旧存在固有的一些问题和管理难点。要释放活力，又要兼顾秩序，需要管理者以诚为本，建立愿景，树立组织文化，制定放权的标准，掌握控管的底线，才能在放权的同时维

第六章 自治理：在系统中发挥自组织的功能

持住秩序。

用自组织治理的思维来说，以诚相交才能收服能人的心。对内部创业者来说可能第一个要问的就是："你是真诚的吗？你会不离不弃、生死以之地投入你发现的商机，还是只是创业狂潮泡沫中随波逐流的一员，甚至只是弄一个商业计划骗投资者的钱来玩玩、试试而已？"一个人如果少了那份真的相信商机、真的愿意付出的真诚，别人是能感受得到的。

对系统领导者来说，第一个自问的则是："我真的相信自己的愿景和方向具备优势吗？我塑造的企业文化能以身作则吗？我确定的价值观是真的起到激励作用了吗？行为底线是真的被监管和执行了吗？我所传讲的公司愿景真的是人生信仰，还只是公司的一份宣言而已？"

在控制方式上，层级治理以工作流程、制度规章与命令系统作为控制手段，把员工当作流程中的螺丝钉，用细密严格的制度规章加以控制。但员工是人，不是螺丝钉，他们会起而反抗，所以一系列人本管理思维应运而生。比如巴纳德强调价值领导、愿景领导，以让成员找到共同目标；梅耶强调成员的归属感与情感关系。一系列组织行为学研究分析了成员的工作满意度、组织忠诚度、公平感等，以人本管理补充了科学管理[①]的不足。

自组织治理则强调"超越控制"，更重视关系管理、愿景领导以及文化建设，以便让成员树立共同的价值观，确立目标与规范，使自组织在自我管理的行动中能"不逾矩"。但价值与文化的控制自然是不够的，所以在自组织治理中依然会建立最基本的规章制度作为辅助，如上述利丰集团的例子。

在领导职能上，韦伯、泰勒揭示的理想型层级组织的主要领导职能是设计组织结构、规章制度与工作流程，并监督员工执行。新韦伯主义大师西蒙则指出，领导的主要职能是决策。自组织治理中的领导职能，更强调诚意、修身与齐家。诚意是为了树立价值观与愿景；修身是要塑造组织文化；而齐家则是关系管理，不仅管好自己与成员、

---

① 这里的科学管理不是专指泰勒的科学管理运动，而是泛指基于理性经济人的人性预设发展出来的管理理论与实务，其对应面就是基于社会人假设发展出来的管理理论与实务。组织学者理查德·斯科特称前者为理性系统管理，后者为自然系统管理。

外界的关系,还要管好系统内所有成员的和谐关系。

有了愿景与方向,有了价值与行为底线,有了良好的信任关系,一个系统中才能够处处产生自组织,不会一放就乱,反而会产生有序的创新力量。

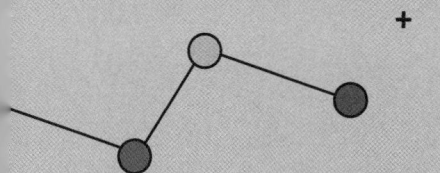

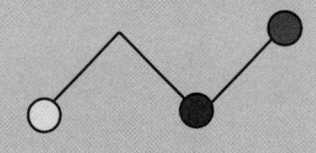

第四部分　复杂：
信息时代的布局和取势

第七章

复杂：
驾驭非线性演化的系统

看过《社交网络》这部电影的读者都会知道，脸谱网的创办者扎克伯格曾就读于哈佛大学，在哈佛时就创建了成为今天脸谱网的社交网站，但他为什么要来硅谷创业？别忘了，哈佛大学所在的波士顿128号公路区曾是与硅谷齐名的美国高科技产业的两大发源地之一，还曾在20世纪七八十年代创造过"波士顿经济奇迹"，为什么在20年后，却只有硅谷一枝独秀？

复杂

硅谷的成功可以从本章关于复杂网的研究分析中得到解释。

认识复杂：从小社群到大集体

复杂的简单定义是个体行为和个体之间互动的集合。

点与点之间的互动，通过整个系统的网络结构，形成了非线性的因果关系，即复杂系统。复杂网系统由一群异质而多元的节点（在第三章中，我们已经提到，节点可以是个人、团体或组织）相互连接而成，每个节点同时扮演不同的角色，所以每个节点会有多元的关系与其他节点连接。

复杂系统理论强调：一个系统，不论是国家、社会、经济体、大型组织、城市还是大型社群，都会在人们的行动和社会网结构的演化中发生非线性变化。人们在不断地进入和退出一个个社会网，而这种社会网又具有复杂的结构，含有社群、结构洞、各类网络图形和桥的连接，而且其中一些重要连接往往是越过社群边界的，把一个个小社群串连成一个大集体，也就是一张大的复杂网。理解复杂网的结构是理解复杂系统变化的关键。

虽然复杂网研究目前还处于初步阶段，但是已有的知识可以提供一些有用的线索。

首先，复杂网都是自我生发、自我演化而来的非正式关系网，所以它绝不是由规划、设计，加上命令、控制得到的。

其次，复杂网一定是分散决策而不是集中决策的，是通过自组织自我产生秩序的。所以过多的控制只会降低它的网络强健性（network robust），过于依赖集中决策的系统则会因为决策的偶尔失误面临系统崩溃的危机。

复杂网研究的一个重点是网络强健性，其中的一些研究成果给我们的实践带来启发。如果这个自发产生的网络是关系完全平等分布的结构，当一些关系被移除后，整个网络就会崩溃；反之，如果是高度层级分化的网络，固然没有上述危险，但当关系集中度高的节点被移除后，系统就会面临严重的危机。所以，一个健康的复杂网络既要有一定的集中度、不能太分散，又要有多个集中点而非少数几个集中点，才能分散风险。

同样，平等网络不容易将信息和资源传播出去，只有当传播的力度高过一个阈值时，才能传播。反之，高度层级分化的网络则易于传播信息和资源，这个阈值几近于零，却泥沙俱下，好坏信息都可以很快传播出去，比如流行疾病、错误概念、谣言等。复杂网中如果有很多相对封闭的小团体，就可以对坏的信息传播筑起防火墙。但小团体之间不能互不沟通，所以要有多个集中点作为"桥"，这有助于对传播进行有效控制。

复杂网中的"食物链"要完整，而且链上的各类功能节点要有可持续性；否则，"食物链"上的一个小环节出现一次断裂就可能使整个系统崩溃。

最后，一个复杂网要和外面的其他系统具备有效连接，这样才能随时与外界环境保持反馈过程，有效地对外界变化做出反应。

更重要的是，这些网络成员会自发地结合出各式各样的关系，包括知识传播、人力资源信息、教育培训、财务投资、联合研发、产品信息以及产业服务等多元多样的网络，从而变成能够自我治理的自组织。正是因为众多自组

第七章 复杂：驾驭非线性演化的系统

织都与外界保持联系，外界的变化才会引发这些自组织发生变化。找出适应外界变化的新出路，从而引发系统变化，这样的系统才有自适应能力，才有强健性。

复杂网理论，以及作为复杂网研究基础的社会网理论，给我们提供了一个十分不同的看问题视角，我们因此也可以试着回答一些过去难解的问题，比如：为什么关系那么重要，去关系化的社会体系非常容易崩溃？为什么关系有一定的集中度（非正式权力的来源）很重要，但太集中了又很危险？为什么一些看似不起眼的小人物、小组织会产生关键影响，甚至系统因此而崩溃？为什么正式权力不能太强大，一定要给系统自然成长、自我组织、分散决策的空间？为什么强大的组织反而更容易在环境变化时瞬间崩溃，好似苏联一夕解体一般。我们将在本章中回答这些问题。

微信成功的逻辑

拉尔夫·斯泰西（Ralph Stacey）写了一本名为《复杂与管理》(*Complexity and Management*)的书。这是一本

谈复杂系统观点下管理哲学的书，从康德与黑格尔的辩证法谈起，讨论在管理学家与管理者眼中如何看待组织的维稳、创新、变化与终极目的。"管理"这个词带有强烈的自上而下的色彩，所以我认为，真正应该讨论的是"治理"（governance），自上而下的层级式管理或自下而上的自组织，都是不同的治理模式。

在《复杂与管理》这本书中，作者把过去所有的管理哲学总结为以下 5 种目的论。

第一种是"世俗的自然规律目的论"（secular nature law teleology），就是把传统的自然科学的因果观念应用到组织中人的属性、行动，以及组织的结构与制度上，相信一切都有明确的因果规律，而且这些规律是重复出现的，不因时因地而变。

第二种是"理性主义者目的论"（rationalist teleology），就是相信目标都是设计出来的，可以通过制度、控制、规划达成组织目标。

上述两者的结合是今天管理思想的主流，相信领导可以通过对因果的了解，设计出好的组织人事、制度与结构，

第七章 复杂：驾驭非线性演化的系统

控制相关个体的性质、行动与互动，以达成规划好的目标。

第三种是"格式化目的论"（formative teleology），类似于整体性系统（holistic system）的观点，视组织为一个整体系统，不能分割成很多独立单位的行动与互动，而且不能确定每一个行动与互动的因果规律。整体性系统不是个体的加总，整体是不可分割的，它有内在的规律，所以当起始条件与发生变化的结构一旦确定，就会"直奔"一个特定的目标。各种各样的历史决定论就属于这类哲学。

第四种是"适应主义者目的论"（adaptionist teleology），也是视组织为一个不可分割的系统，但它只是一个因环境而变化的函数。外界变化是不可知的，所以组织目标也是无法设定的，更无法让组织"直奔"一个目标。因此，组织为适应外在环境变化而产生的内部变化也是不可知的。

第五种是"复杂适应系统"（complex adaptive system）的观点，作者将其目的论的哲学思维总结为"转化性目的论"（transformative teleology），它最大的特色在于：一个系统（作者并未称其为系统）是通过矛盾力量的相融与平衡得到的。一个组织总是既有稳定的力量，又有变化的力量；

171

复杂

组织成员既是理性的，也追求归属、认同与情感；一群人既会趋同，也会发展出差异，既愿合作，也有冲突。一个系统因为人际关系的连接，会形成各种复杂网的结构形态，会自组织出新的秩序，从而涌现出创新的结构与制度，应对外在环境的变化。外在环境变化的不同，内部社会网结构形态的不同，以及个体行动与互动方式的不同，会共同推出新的适应环境的方法。因此，系统适应环境的演化结果虽不可预知，过程却能被认知。

这个思维不同于"适应主义者目的论"，虽然未来系统的最终目标与形态不可预知，但走到最终状态的每一步却可以被人们认知、理解，因而在过程中不断做出有利于改善的决策。它不同于"格式化目的论"，它没有一个伟大的蓝图或战略推动系统"直奔"最终目标，而在过程中的每一步都会不断调整。

吴晓波在《腾讯传》中讲述了微信发展至今的整个过程。2011年1月21日上线的时候，微信1.0版本仅仅是一个简单至极的"发短信"软件，市场几乎没有任何反响；1.2版本开始迅速转向图片分享；5月的新版本增加了语音聊天功能，用户猛然井喷；之后"摇一摇"和"漂流瓶"功能相继上线；直到 7 月推出"查看附近的人"功能，微信才彻底扭转了当时和"米聊"的战局，日增用户数一跃达到 10 万。

在整个过程中，腾讯对于流量的运用都非常谨慎，在 5 月语音版本发布前，都完全没有推广和导流，直到 7 月，无线部门才对微信进行了强势推广。张小龙在回答吴晓波的问题时说："如果自己没有表现出生长能力，那么推广的收获肯定不大，不会病毒式扩张……当一个产品没有达到用户口碑自发增长的分界线之前，推广其实没有意义……"一旦出现这个战略性拐点，腾讯巨大的能量就发挥出来了。

2012 年 3 月 29 日，微信用户数突破一亿，成为互联网史上增速最快的在线信息工具。之后，朋友圈的出现，意味着微信的另一个转折——从通信工具向社交平台升级。自此，一个建立于微信的熟人社交圈正式出现。8 月，兼具了媒体和电商双重属性的微信公众平台上线。2014 年春节，微信红包功能诞生……经过 4 年多的迭代，微信早已不是最初单纯的手机通信软件，越来越多的写作者开通了自己的公众号。同时，对于企业而言，公众号也开拓出一片陌生而新颖的商业天地。2015年10月，微信公众号数量突破了1000万。正如吴晓波所说："微信创造了另外一个腾讯。"

梳理微信从诞生至今的过程，我们可以看到，微信在一开始并没有一个雄心勃勃的战略目标，即复杂系统演化的结果不可预知，但整个迭代过程却能被人们认知和理解。在演化的过程中，微信的每一步都在调整，不断做出有利改善的决策。直到今天，微信还在不断地快速迭代更新。可以说，微信已经建构了一个内生闭环式的社交、商业及媒体生态链。正是在这一次次的迭代更新中，通过不断回应外界（用户）的变化和反馈，微信自组织出新的秩序，涌现出创新的结构与制度，最终成长为一个丰富的复杂系统。同时，从微信的成功中，一方面我们可以看到腾讯在微信成长的过程中扮演的角色——让产品自组织、自生长到临界点才出手，另一方面我们也可以看到前文提到的"圈子"和"网络效应"的巨大力量。

总结一下，复杂性管理思维有以下几个特点。

第一，视组织为一个整体性系统，反对化约主义。系统不仅是个体的特质和行为的加总,而且是(如前所述复杂的定义)个体行为和互动的集合。

第二,复杂性研究主要是分析系统如何涌现出新的、整体的性质。就好比一些分子的加总"涌现"出生命,脑神经的集合"涌现"出智慧,当一群人及其行为和关系互动加总在一起时,就会"涌现"出制度、规范等,形成集体秩序。

第三,系统的演化是自组织出来的,新的系统性质是因为个体互动产生的结果,而不是设计出来的。

第四,所以,除了个体的性质与行为外,更重要的研究是个体之间的互动以及关系网。因为社会网络结构的些许不同,失之毫厘,谬以千里。比如格兰诺维特的阈值模型就旨在说明,网络结构上的一点点不同,就可能造成很相似的两群人的集体行为完全不同。因此整体系统的因果规律不是连续和线性的。

第五,复杂思维是辩证性思维,认为系统是矛盾力量并存、相融而非对立的。每一个力量既有破坏性,又有建设性;系统既有稳定的力量,也有改变的力量。系统在适应外在变化而进行内在变化的过程中，平衡出一个稳定的秩序。

第六，大的变化会带来"相变"（phase transition），即系统从一个状态变成另一个状态。系统因适应外在环境的变化而变化，所以无法预设，也无法预知系统的终极目的，却可以分析系统因适应而变化的过程，从而管理这样的变化。

在斯泰西的观点中，前三种管理哲学，组织的目的与秩序都是可以被设计出来的，第四种则认为外在环境是不断变化的，所以系统目标是未知的，秩序也无法稳定，除非外在的环境非常稳定。复杂适应系统的观点却认为秩序是自组织出来的，一个系统之内存在很多自组织的小群体，面对环境变化，它们会自我更新，也会互动、协调与合作，从而使系统自我调整、恢复秩序，或"相变"到另一个新的系统状态，产生崭新的秩序。

其一，总结微信崛起的过程，我们也可以看到一开始有三个团队在仿制KiKi，但是边缘创新之所以能够发生，正是因为自组织的力量在腾讯内部得到重视，不同的团队提出相同的计划,都能够得到资源。

其二,不同的基因同时存在于腾讯内部,PC(个人电脑)与移动互联,手机 QQ 与微信,相互模仿又相互竞争,看似失序,却自组织出新的秩序。

其三,"相变"的时机到了,腾讯出手帮助微信成长,同时也促成腾讯本身的系统转变。

朝生暮死与永续发展

复杂性思维可以帮助我们破除过去一些错误的观念。当我们重新审视信息化、全球化、互联网连接后的社会时,这个视角可以进一步分析行动与结构的特质并让我们重新理解社会与经济。

随着越来越深刻的工业化、城市化和全球化,整个世界已经从工业化社会转型为信息化社会,甚至可以直接称为复杂社会。为了解决随之产生的剧烈震荡,世界各国曾涌现出了各式各样、风起云涌的社会运动。美国在 20 世纪五六十年代,日本在 70 年代,中国台湾、中国香港在

90年代，都有过转型为后工业化的经验。它们的社会治理是如何进化的？它们进行改良的理论基础是什么？这些问题都可以转化为另一个问题：强健的复杂网络是如何形成的。

除了国家、地区之外，任何一个大型组织、企业、产业网、城市都是一个复杂网，但只有很小一部分是"强健"的。"强健"的表现为，当外在环境发生变化时，一个系统能够很有弹性地改变其结构，并能够生存下来。

一个系统之所以会"强健"，是因为它能够在异质节点的频繁互动中产生一套自我学习能力、创新能力和传播能力。它的结构不容易被破坏，但系统又能有弹性地改变结构，所以在外界发生重大变化时，它可以提早探知、及时反馈，制定新政策、新方法，并传播出去，以调整整个系统。复杂系统内的自组织主动回应外界的变化，自发展、自创新、自适应，适者生存，因而产生应对变化的正确对策。因为有自组织的创新、网络内有效的创新扩散，最终可以使整个系统发生改变，主动适应外界的变化。

社会进入信息时代，非连续性现象正在加速出现。混

第七章 复杂：驾驭非线性演化的系统

沌研习社的李善友教授提到，"市场发展速度一定会超过企业发展速度"的"创新者的窘境"。遭遇非连续性，往往是现代企业兴衰的第一诱因。从柯达的倒下到雅虎的核心业务出售，我们不断看到曾经辉煌一时的公司轰然崩塌。诺基亚因为一个关键性决策的失误（将本已独立的智能机部门重新合并进传统的功能机部门），导致在移动互联网时代来临时溃败。

我们想要不断地适应系统外在和内在的变化，跨越"非连续性"，在剧烈变化到来时"成功转型"，复杂性思维如何帮助我们解决这些问题？答案是发展自下而上的自组织，分散决策，调整出正确的网络结构。现在主流的管理方式都是自上而下进行的，即层级制，而自组织是自下而上发生的，通过自治理、自发展来解决复杂网层出不穷，越来越个性化、破碎化的问题，避免因一个决策性失误导致系统崩溃。自组织管理能够与自上而下的层级管理进行融合、交流与平衡，这有赖于我们管理思维的转变，从控制、管理转向鼓励自组织、多连接，审时度势，因势利导。我认为这就是复杂时代管理创新真正的内涵，引入复杂思维下的治理正是题中之义。

网络内的节点可以是脆弱的，但整个网络却有很好的适应与生存能力。一个几千、几万人的小型系统（如大型公司、协会、社区等），一个几十万、几百万人的大型系统（如城市、平台、产业链、地区等），一个巨型系统（如国家、经济体、文化体、区域联盟等，甚至全球系统），只要是自组织发达、网络结构健康，就可以是强健的。虽然其中的子系统、圈子、社群、组织单位大多是脆弱的，"朝生暮死"，不断更迭，整个系统却可以基业长青，永续发展。

硅谷：一个强健的复杂网络

我们以硅谷为例，来看看复杂思维如何诠释这个信息时代中最伟大的地方、全世界经济活力的源头。

硅谷的强健表现在它不是一个单一产业的网络（如底特律的汽车业或匹兹堡的钢铁业），而是一个产生多个新兴产业的地方。它经历过多次危机，却都能复兴，不像纽约市的华尔街那样需要政府拯救，也不像波士顿的高科技地

第七章 复杂：驾驭非线性演化的系统

带（128公路区）会逐渐没落。从最早的惠普、IBM到英特尔、太阳微系统，经历了互联网泡沫破灭和金融风暴，虽然硅谷多次陷入危机，但今天有脸谱网、谷歌的崛起，更有苹果的几沉几浮，硅谷总能创造出新的产业与新的增长点。

在第一章中，我们提到了城市规划学者安娜·李·萨克森妮亚，她在《地区优势》（*Regional Advantage*）一书中比较了硅谷与波士顿128公路区的特质，指出了以下几点不同。

其一，两地企业的治理机制不同，一个以网络为主，一个以层级为主。正如开放系统的计算机网络击败了封闭系统的大型主机，硅谷的开放系统网络式组织击败了128公路区的封闭系统层级组织，萨克森妮亚称硅谷为竞争与共享（competition and community），而128公路区则是独立与层级（independent and hierarchy）。比如，惠普维持了相当数量的供应商，惠普与供应商之间的关系不仅在于合作生产和交换市场信息，更扩大为管理、财务上的支持、技术的相互公开，以制订共同的发展计划。惠普维持着与3Com、Octel以及维特科（Weitek）等公司的战略联盟关系，有的是为了共同开发新市场，有的是为了共同研发新产品。与维特科的合作研发，惠普提供先进的光罩设备以提高维特科芯片的速度，却冒着技术扩散出去的危险，允许维特科出售惠普无法采购的多余产量（约占 2/3）。惠普甚至把网络式组织的管理原则带入公司，让集成电路与印刷电路板分别成为半独立的单位，不置于一个权威之下进行内部交易，而令其自由地与其他公司竞争惠普内部的业务，这种内部组织方式与层级管理的概念大相径庭。

相反，波士顿的王安、美国数字设备公司（DEC）等则保留了美国东海岸大公司的商业作风，主要研发都在公司之内，零部件也尽量在公司内生产，一家公司会尽力将产品线从上游到下游垂直整合进一个层级体系。DEC就曾颇自豪于他们的小型计算机，连外围设备——如硬盘——都是自己研发、自行生产的。如果有些零件实在不适合纳入层级体系生产，要到市场上去采购，DEC也根据自由竞争的市场法则，由自己的工程师设定出所需的规格，上游厂商依规格招标，中标者签一纸短期供货合同，有时短到只供应一批货，双方关系便结束了。

其二，在城市设计上，波士顿有十分明显的市中心与市郊之分，而旧金山的湾区则是多中心的。128公路区就在波士顿郊区的森林海中，高科技公司有如海中孤岛，各公司之间的联系及到市中心的交通都十分费时，以至DEC自己建了机场，使用直升机作为交通工具。硅谷所在的南湾区则采取分散式的城市设计，每一个城市（硅谷的帕洛阿尔托、山景城和圣何塞都是城市）都有自己的商业区、住宅区与工业区（无烟囱工业），而没有较明显的市中心。这种分散式设计有助于各企业建立更多的连接。

其三，在日常生活方面，128公路区的社交生活一方面反映了同业间"弱连带"的缺乏，另一方面也强化了这种现象。波士顿地区是美国最古老的殖民地区，当地很多居民都是数代以来就住在那里，经过长期的互动，社区意识很强，一个教会之内的教友有相互往来的传统。下班后，工程师经常往来的对象是邻居、教友或亲戚。128公路区的公司自给自足，公司间缺乏往来，员工的同行业间人际关系大多限于公司之内。公司固然会时而举办员工社交活动，但同事间再无新的信息可供交换，下班后的聊天话题往往是橄榄球或政治，不会涉及工作。与128公路区"公私分明"的社交生活相反，硅谷的社交是"公私难分"的，它是一个新社区，高科技公司的员工多半是外来人口，与当地社区、教会甚少有渊源，公司与公司之间的互动频繁，使得不同公司的员工也互动频繁，所以硅谷的工程师和经理人在同行业间有很多朋友，下班后和同事交流的机会也很多，同事间谈论的话题往往是投资机会、科技新知识以及市场趋势等。

正是因为这种"公私难分"的生活方式，使得萨克森妮亚思考，这样的文化也许是来自硅谷的中国人。她曾专门来听我的演讲，并和我讨论中国人的日常生活方式。

萨克森妮亚对硅谷和128公路区的分析是在复杂网络研究流行之前，但今天从复杂网络理论重新观之，可以得出这样的结论：128公路区并不是一个强健的网络。它的网络密度明显太低，所以高科技创业所需的"食物链"中错综复杂的关系网较弱，而且它的大企业不仅不能成为集中点、扮演"桥"的功能，反而自陷于封闭圈子之中，内部也是以层级治理为主。相反，硅谷从PC到工作站、电子商

第七章 复杂：驾驭非线性演化的系统

务，再到今天的移动互联都是开放平台，因此创造了无穷的连接机会。这些特质都使得128公路区的复杂网不那么强健，一旦产业发生重大结构变化，就会走向没落。

脸谱网的诞生，说明128公路区的波士顿地区创新能力并不差，创造了未来产业的新亮点，但它却留不住这个新亮点，令它迁移到强健的硅谷复杂网络中，才得以快速发展。

硅谷作为强健复杂网的特质

从这些过往研究的成果来看，硅谷是一个强健复杂网。为什么？结合知名社会学家格兰诺维特和萨克森妮亚的研究，按照上面复杂网强健性的理论，我可以总结出硅谷以下这些特质。

第一，自组织的分散决策。自组织是硅谷地区的生活方式，所以小企业多、新企业多。大小企业合纵连横，形成一个网络式的经济体系，长于自组织治理模式。

自组织治理模式与网络式的结构一定是分散决策而不是集中决策的，更是自我组织、自我产生秩序的，过多的控制只会降低它的强健性。

第二,"食物链"的完整。硅谷的第二个特色是多样的"食物链"。因为没有过多的垂直整合型公司,所以不会导致生产关系的过度垄断,每一个生产关系链上的节点数量都很多,且高度发达,所以整个产业链相当稳定。有些企业掌握了核心技术,就去创立新兴企业或找外包。

过于依赖集中决策的系统容易引发系统崩溃。比如只有一家公司处于所有业态的核心,这家公司倒下,所有与它有联系的公司都会倒下。一家独大往往很危险,比如金融风暴后汽车业开始萧条,以汽车产业为中心的底特律也随之衰落。

这样的经济体必然有活力,整个硅谷就是一个完整的"食物链"。新科技研发及创业的各种功能都十分齐备,且数量众多,多元多样。《硅谷优势:创新与创业精神的栖息地》一书特别分析了硅谷地区的生态系统,指出了其生态的多样性与丰富性,并解释了每一类行业在这个生态系统中所贡献的价值。以 2009 年为例,这个生态系统中包括了如斯坦福大学、加州大学伯克利分校等 10 所知名高校,以

第七章 复杂：驾驭非线性演化的系统

及为世界设定工业标准的行业协会，如圣克拉拉制造商集团（SCCMG，为半导体厂商组织制定了2000多项工业标准），还有8718家百人以上的科技企业。另外，在投资金融领域，有软银、红杉等180家风险投资公司，700家商业银行，以及47家投资银行。在服务领域则有3152家擅长公司法与专利、技术的律师事务所，329家职业介绍所，1913家会计公司，以及100家报纸媒体。[①]这些组织组成一个完整的产业链，使得创业者得到快速、全面的支持。这些组织数量众多，使"食物链"永不断裂。

这形成了非常好的研发氛围，让新产品得到及时有效的传播。一旦新产品为人所知，就会引来投资人。这里的研发环境和投资环境都非常好，形成了一种良性循环，是非常健康的社会关系。

第三，复杂网络的结构。硅谷产业种类众多，通过自发结合，自组织出多个"圈子"以及分散的决策。各个圈

[①] Michel Ferrary and Mark Granovetter. The role of venture capital firms in Silicon Valley's complex innovation network[J]. Economy and Society, 1994, 38(2): 326-359.

子独立决策,在一个产业内,甚至一类产品内都可能有好几个圈子,比如精简指令集的电脑(主要代表是太阳微系统的工作站)就有三个战略联盟。今天移动互联网的发展,又产生了苹果iOS与谷歌安卓两大操作系统,各有自己的"圈子",相互竞争。

这些看似壁垒分明的圈子之间并不是老死不相往来,相反,一些大的集中点扮演了各式各样"桥"的角色,如斯坦福大学、加州大学伯克利分校、圣克拉拉制造商集团、苹果、惠普、IBM、思科、快捷半导体、英特尔(这些大企业不仅战略联盟众多,而且培养了大量企业家)都是大的集中点。大学的讲座与学术会议、风险投资的各类聚会都产生了连接关系的效果,使得这个网络中有相当多的集中点(hub),十分多元,增加了整个网络的强健性。

正是这些原因使硅谷新创的高科技公司如雨后春笋般涌现,小型企业四处皆是,公司与公司之间结为战略联盟,甚至形成网络式组织,以共同研发、生产和营销新产品。

硅谷是强健复杂系统的一个典范。建立在个体之间的互动以及互动中结成的圈子之上,自下而上的集群生出自组织,自组织中的多个治理主体更使得整个系统充满了多元力量,极有活力,创新百出,但也会相互激荡、矛盾不断。这样的系统无法再用层级制自上而下的方式设计规划、控制管理,复杂系统的治理成为当今管理学中的新显学。

复杂系统的动态平衡

我一直认为,这些最新的复杂性科学的研究及其背后的管理思维和中国传统的管理思想一脉相承。我出版的《中国人的管理智慧》一书,就旨在说明这一点,书中谈到"中庸"是中国最伟大的管理思想,正是因为它应和了管理复杂适应系统的哲学理念。中国人一直都在研究矛盾两极并存相融的整体系统(阴阳学说),而所谓的"无为而治"正是要让自组织自我发展、适应、演化,"执其两端用于中"则要分析各个自组织的发展趋势以取得平衡,"中庸之道"正是动态平衡之道。

复杂

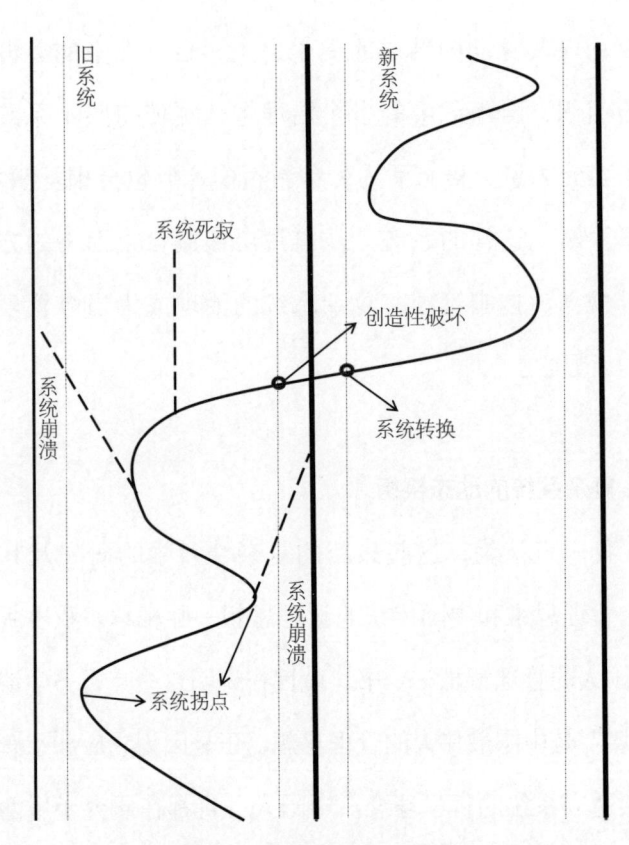

图中标注：旧系统、新系统、系统死寂、创造性破坏、系统转换、系统崩溃、系统崩溃、系统拐点

图 7-1　复杂系统的动态平衡

要掌握复杂系统的动态平衡，首先，要认清这个系统中有多少股"势"、各类"势"如何发展。图 7-1 中只表现了两股力量，但现实中可能有三股、五股甚至更多。其

次，要分辨这个系统是在常态还是在非常态中。图 7-1 的左侧代表旧系统，右侧代表新系统，虚线代表系统常态的边界。如果是常态，那么大势所趋就是系统中各种力量博弈的结果；如果是非常态，旧系统将无法持续发展。驾驭得好，就会发生系统转型；驾驭不好，就会有系统崩溃的风险。

当常态的系统达到动态平衡时，会始终在常态区间内左右摇摆，有活力的系统总是时左时右地摇摆，多种力量此消彼长。如果系统不再摇摆，成了超级稳定的结构，其实就是走向了死寂。同样，如果摇摆过度，就有可能发生系统崩溃。在一个摇摆的系统中，行动者需要抓住目前的大势与方向，借力使力，事半功倍。有智慧的中国系统管理者总是懂得调控的重要性，一段时间勇猛前进，一段时间又要巩固整顿，就是这个道理。

系统治理同时也要把握"节"与"度"。"节"就是系统拐点，一旦越过门槛就意味着系统失衡。"度"指施加的力量，力量小了不足以校正系统，大了会让系统摇摆幅度更大，直到崩溃。"不折腾"的管理哲学正是要说明，调控力度不可过急、过大，否则会使系统摇摆幅度过大。

所谓复杂系统的管理艺术，主要有以下特点。第一，不可逆势而为，要顺势加力。第二，轻轻一拨，系统大势便会为之转向。第三，在常态系统中，需要在拐点施力使得系统转向，保持系统在常态中运行，避免崩溃和死寂。第四，就是系统势不可当地进入非常态。此时需要审时度势，再以四两拨千斤的管理艺术顺势一推，对旧的力量补上最后一点力道，就可以让旧系统瓦解、新系统诞生，完成转型，这就是创造性破坏，也是系统转型成本最低的方式。这时候最危险的是逆势硬拉，强力相互对撞往往造成系统崩溃。一个系统不管是崩溃还是革命式的转型，都不如系统演化那么平顺，完全破坏后再建立，就会给系统成员带来很大的痛苦。

当创业者建立一家公司或一个社群，逐步扩大成一个小系统，甚至变成一个平台、一个大系统时：对外，要懂得审时度势、待时乘势、相机造势，才能掌握资源与机会，建立强健的系统,我称之为"布局的艺术",即掌握系统的势、明晰系统的网络结构,为之后的行动和未来方向奠定良好的形势(布局将在本书第八章进行专门介绍);对内,需要懂得顺势而为、应势而变、因势利导,才能让系统长久生存、持续发展。

第八章

布局：
信息时代的战略

北京中关村创业大街有一家3W咖啡馆，它在2015年因为李克强总理的亲自到访而广为人知。3W咖啡馆之所以与众不同，是因为它实际上是一家以咖啡馆为载体的新型众创空间，与创业息息相关。在这个空间里，有众多怀揣梦想的创业者和怀抱资金的天使投资人。这里同时可以帮助创业团队解决人员招聘、孵化器、资金投入等问题。

近几年，国内迎来了新的创业浪潮，商界大佬纷纷给创业者们提出建议，用5年创造了营业额从零元到千亿元的"小米神话"的雷军曾在"两会"上提到:"当下是创业的黄金时代。"

但是,在创业成功的背后,我们经常看到的是"无心插柳柳成荫"的故事。美国著名创业学学者、弗吉尼亚大学达顿商学院教授萨拉斯·萨拉斯瓦西(Saras Sarasvathy)做的研究很好地证明了这一点:战略对于创业的成功来说,至少在一开始并不是最重要的因素。

以腾讯为例,马化腾创业之初只是看到了即时通信工具ICQ的便利性,于是立即抓住这个机会,将OICQ(QQ前身)挂到网上供人们下载,很快便积累了大量注册用户。当时的腾讯根本没有战略一说,也没有任何商业模式和盈利模式。尽管它已经积累了巨大的用户群,但当时包括马化腾本人在内的所有人都没有认识到用户群的巨大价值。甚至在2000年网络市场泡沫破灭到来的时候,他还曾经想将腾讯以100万元的价格出让。

再比如著名的珠宝公司潮宏基,其创业初期只不过是一家经营小家电业务的小企业,由于创始人发现珠宝首饰市场存在的巨大商机而开始转做黄金代理生意,之后一步步拓展资源、抓住机遇，发展为国内首饰领先企业。

"我消灭你，和你无关"

在"全民创业"浪潮袭来的时候，人人都热血沸腾，似乎只要着手创业，下一个被新闻报道的"财富神话"缔造者就是自己。提到创业者如何白手起家取得成功，传统的管理学会将之归结于"战略"，认为一个企业家、一个企业之所以成功，最根本的原因在于选择并实践了正确的企业战略。

"战略"[①]一词，在传统的管理理论中，是指企业为了达到既定目标、经营成果而制订的高层管理计划，一般都与一个战略周期和商业模式息息相关。对战略进行管理，就是通过分析（典型的如SWOT分析[②]）找出并坚持企业的竞

[①] 广义战略学包括了所有的战略思维，包括这一章谈的建构性创业思维以及中国人的布局思维。这里的"战略"指的是狭义的传统管理理论中，企业为了达到既定目标、经营成果而制订的计划，并动用资源完成这一计划的思维。

[②] SWOT分析，态势分析法。——编者注

复杂

争优势。传统的创业观点认为，创业者首先从市场分析入手，明确自己的优势，确定自己的定位，然后根据已有的资源和预期的目标进入市场。

凡客诚品创始人陈年在创立凡客诚品的时候，就已经完全明白自己的战略目标在哪里——成为第二个PPG服装公司（即批批吉服务网络直销公司）。而且他很快就通过分析PPG的模式局限性找准了自己的竞争优势——从用户需求出发打造凡客的极致服务。凡客诚品很快就建立了自己的品牌认同度，"凡客体"一度掀起风暴，凡客诚品也实现了对PPG的超越。

随着信息社会的快速发展，不确定性、不可预见的因素越来越多，在这个时代，其实很难掌握你的对手在哪里。"我消灭你，和你无关"（《三体》，刘慈欣著），常常是完全不同行业的某个产品异军突起，成为压垮某一产品的最后一根稻草。打垮摩托罗拉和诺基亚的并不是其他手机厂商，而是谷歌的安卓系统；打败购物中心的不是其他商场，而是以淘宝为首的电商大军。如果我们和竞争对手不在一个维度上，那么是没有战争可以打的。既然我们已经处在一个升级了维度的网络时代，那么思维方式同样要升级，不能再沿用过去的惯性思维，这也是复杂性思维成为这个时代的显学的原因。战略导向的创业理论的局限性越来越明显，空谈"战略"，对于众多的创业者来说，并没有太大的实际指导意义。众多的理论都指出，创业者往往面临着巨大的不确定性，承受着巨大的风险，特别是在瞬息万变的信息社会，空谈企业某一周期内的发展战略，恐怕还不如解决眼下资金链断裂的问题来得实在。

萨拉斯瓦西提出了建构性创业的理论，她找到 27 个研究对象进行研究。这些研究对象都是 1960—1985 年被公认为最成功的创业者以及国家创业奖项的获奖者。她最终发现，这些成功的企业家的一些做法甚至背离了教科书中的创业逻辑：有的企业家没有清晰的愿景，也没有从市场调查出发建立自己的竞争优势。唯一相同的是：他们会在自己身边最容易得到的资源中迅速抓住机会并且展开行动，这些行动并没有什么详尽的实施计划。

简而言之，建构性理论就是创业者并不预先设定目标或根据目标采取战略行动，而是基于已有的条件选择合适的方式，以最现实的方式抓住眼前最容易得到的资源和机会，最终让企业不断发展壮大。给定的条件概括来说有三个：第一，创业者本身具有的独特能力；第二，创业者本人既有的知识、技能、经验等；第三，创业者本人的社会网络，即认识哪些人。创业者在这三个条件的基础上判断自己能做什么，通过人际网络逐步扩展市场。

我们可以看到，传统的战略理论忽视了创业过程中微观的机会层面视野，机会常常是在动态的运动过程中出现的，而不是固定的，不是可以看清楚再拟订行动计划、调度资源加以掌握的。面对动态的竞争市场、高度的不确定性，这样的战略思维缺乏灵活性，对于创业者来说，战略导向是远远不够的。

创业开始，在扩展市场、逐步发展的过程中，市场形势也在不断发生变化。建构性理论指出，对于创业者，需要动态地适应这个变化，但理论无法更详尽地指导创业者应该如何动态适应。

建构性思维让人觉得好像企业家都是机会主义导向的，哪里有机会就往哪里去。过去中国的很多企业家总被指责没有战略，只是机会主义者。但在我多年对企业的田野调查中发觉，成功的企业家在创业之初固然是建构性思维的，善于组合自己周边的机会、人脉与资源，但他们心中自有方向，有所为，有所不为，有的关系要，有的关系不要，心中自有一张棋谱。因此，我们在这里引入中国人常常说到的一个概念——"布局"。

"布局"在围棋上是指，在一盘棋的开局阶段，双方安排棋子到特定的位置，抢占空地，为实现己方最终大局得胜而打好基础的行动。清代围棋大师施襄夏提出："盖穷向背之由于无形，而决胜负之源于布局也。"可见，布局一直是高手关注的课题。如果是一个围棋入门选手，拿到棋子并不知道把棋子放在哪里合适，他可能随便放在棋盘的任何一个位置。但是，一个稍微有经验的选手就会知道，一开始，棋子放在靠近"星位"（围棋术语，即围棋上9个特别标注出来的点）是比较有利于抢占先机的。当然，这只能算中规中矩的棋手。对于围棋高手来说，尚未开局，胸中已有千百个棋谱。一开局，他便已经着手布局。高手落子看似随意应景，实则有心布局，漫不经心间占据了许多关键位置，不知不觉中就掌握了棋局大势。

换句话说，对于一个创业者或者一个希望开创新事业的企业，在进入市场时，就如同手握棋子的棋手面对棋盘，很难看出自己有什么优势，难以确定自己具体的定位，更无法预知未来棋局的变幻莫测。在他们面前，更多的是直观地感受到一些机会的浮现或者消失。

广义来说，布局思维当然是战略学研究的对象，而布局与传统战略虽然都是对未来的一个把握，但二者的关键区别在于，战略对未来的确定性依赖度更高，其目标较明确且清晰，但所谓"计划赶不上变化"，现实的快速变化往往影响战略的坚持。布局则是在对未来充满未知和不确定因素的背景下，人们对大局方向的一种掌握，其目标虽然相对模糊，但是有一定的方向性，在快速应对现实的种种变化时，不严重偏离大局，不违背大势。简单来说，布局更像一个愿景的执行架构，在高度不确定、不明朗的未来路上布下几个点，作为发起一系列战略行动的起点。

第八章 布局：信息时代的战略

"机会"与布局

吴晓波曾提出，中国企业家的涌现一共有 4 波（4 个高峰期），现在是第四波。随着新科技、新浪潮的袭来、"创业板"股票指数的不断飙高，我们正在经历第四波创业浪潮。当马云、马化腾、俞敏洪等当年的创业先驱已经成为业界领军人物后，新的创业热情在"80 后"、"90 后"的心中点燃。

INC.[①]"500 强"报告显示，在企业初建时就有风险资本融资的只占 3%。以商机计划或商业建议等形式呈送给投资者的每 100 个思路中，最后通常仅有 4 个会成为投资对象。换句话说，大多数的创业并不是从投资者的投资开始的，大多数企业家的资金都不是来自风险投资，而是来自自筹与创业团队的筹款。

Quadram 公司是图形通信电路板和其他微机电路板

---

① *INC.*杂志是目前美国唯一一家以发展中的私营企业管理层为关注点的主流商业期刊；*INC.*"500"强旨在评出全美发展速度最快的 500 强企业。——编者注

的制造商，它的创始人兼总裁利兰·斯特兰奇（Leland Strange）向我们讲述了他如何在三年时间里将他的市场营销思路变为一个销售额达 1 亿美元的公司的故事。他声称，他曾制订过一个创建该公司的商业计划，并且该公司在头两年就达到了预期的年收入。但他指出，获得成功的产品与原先计划的完全不同。

宝丽来公司在成立之初生产的产品是根据光波偏振原理制成的，该原理由兰德博士发现并注册专利。之所以生产偏振头灯是因为在晚上迎面而来的普通汽车头灯的照射使人目眩，容易造成汽车正面相撞的事故，而偏振头灯具有十分显著的安全特性。可以想象，偏振灯的潜在市场可以扩展到每一辆汽车。然而，公司成长到今天 20 多亿美元的规模，依赖的却是与最初完全不同的产品——快照。

比尔·盖茨辍学创业建立起庞大的微软帝国的故事，一向给予众多企业家以鼓舞和前进的动力。深究起来，盖茨第一桶金其实还要得益于他的家庭关系。他的母亲和当时的 IBM 公司总裁同是美国最大募捐机构的董事，是她成功游说了 IBM 公司总裁，给了比尔·盖茨第一次合作机会。诚然，比尔·盖茨的成功和他自身的能力分不开，可是这第一桶金的机会，还是源自他具备的社会网络关系。

以上这三个例子都说明创业成功的计划可能与初始计划完全不同，创业成功的新产品或新商业模式也可能与初始设计完全不同，甚至创业成功者有可能经历过一次或数次失败，所以成功时所用的资金与初始创业的投资也不相同，而且创业也不是靠商业计划找到风险投资获得资金的，大多数创业资金来自创业者自己的口袋。

创业者需要有围棋思维，懂得布局、做活，只有这样才能够渐渐找到机会，直至能够建立一个企业，甚至建立一个系统。下面用两个相关的观念来解释布局：一是曾任美国管理协会会长的陈明哲提出的"动态竞争"理论；二是在第四章中介绍过的博特的"结构洞"理论。这两个理论都让我们看到创业者找到机会的过程其实是高度动态的。

在动态过程中讲战略的时候，强调察觉、动机、能力

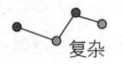

与机会之间的互动。当创业者察觉到竞争者的行动,如果没有足够的动机掌握这种机会,同时采取相应的行动,最后就没有能力掌握这个机会。所以,在一个动态竞争的过程中,创业者跟竞争者会不断互动,就好像运动战,不断寻找彼此的机会"漏洞"以做出应对。

有时候,创业者不一定有一个比较明确的竞争者,他能看到的只是一张自己的人际关系网,在与人的互动中——不论是朋友还是竞争者——寻找机会,累积能力。如前所述,"结构洞"理论是机会的逻辑,如果甲团体和乙团体之间有结构洞,并在这两个团体之间找到了沟通的机会——桥,就会产生商业机会。这是很静态的概念,简单来讲,就是创业者能够搬甲地之有、运乙地之无,能够在甲乙之间架桥,就可以整合异质资源,创造价值。动态的观念是,可能创业者找到了20个结构洞,都是机会,问题是要掌握哪一个。这些机会难道都是机会主义所说的,因运气好而碰到的吗?其实不然,这些机会是创业者慢慢创造出来的,机会不会给没有做好准备的人。所有机会其实都是昙花一现,没有准备就无法察觉,也无法掌握。机会的出现不是由静态的结构决定的，它是一个动态过程，是一个资源与机会同时到位的过程。没有资源掌握机会，就和没有动机掌握机会一样，都会一无所有、丧失机会。

创业者有一些资源是偶发的，有一些资源是原始就有的，还有一些是有意识地被创造出来的，到最后组合起来，才能把握住机会。资源组合好之后，刚好能掌握这个机会。不论是哪一种资源，金流、物流、信息流、知识流、人才流，掌握流动的都是人，要取得资源就要与资源掌握者建立通道，所以机会的出现是在个人社会网中，资源的取得也在个人社会网中。这不是一个因果式逻辑，而是一种开发式逻辑；不是投入资源是因，求得战略结果是果，因果清楚，指哪打哪的逻辑，而是试了错、错了试的逻辑，不断看着社会网的变化，随时调查的逻辑。

布局这个概念，是中国人的常用语，一些企业家会说"我布了一个漂亮的局"或"这个局布成功了"。这个概念到底是什么意思？简单来说，就是创业者在关系网中事先布下了棋子，当机会来的时候，刚好这些棋子提供了能力，或是当能力组合好了，这些棋子刚好帮助创业者成为结构洞上的"桥",从而把握住机会。能力与机会在"运动战"中忽然同时到位,创业者能觉察到,又有动机去掌握它,机会就成了被兑现的价值,这很类似于动态竞争的过程。唯一不同的是,这些企业家不是面对特定的敌人,他有什么行动,再看他的敌人的行动;他有很多竞争者,却不一定知道是特定的哪一个。到底会做哪个行业不一定,是哪一个产品也不一定,但是创业者可以很清楚地感觉到自己的人脉——有人在行动,有一些人来找他了,有一些人离他而去了……看到自己的人脉在变化,其中蕴藏着团队与资源,也蕴藏着"结构洞"与机会。

创业者不能成为机会主义者,心中其实要有一套定见,掌握方向,有智慧地知道大势所趋,在前方布好棋子。但这个世界不是因人的思维而旋转,有时可能"结构洞"已经创造了,资源也组合好了,但还是很可能"失之东隅",却可能在下一轮中"收之桑榆"。我真正最想拿到的机会,最后却没出现、没拿到,但还是会往这个方向努力,想拿到A,最后却得到B。

柳传志说创业要搭班子、定战略、带队伍,正是这个意思。掌握大势，定下方向，才能提前布子、形成团队、组合资源，才能在机会出现时，具备掌握机会的能力。

布局就好像蜘蛛找到一个地方结网，位置的好坏决定了蜘蛛会有多少猎物。什么叫作"定方向"？就是说创业者实际上不是机会主义者，随便乱结网，他一定是在自己看好的趋势中间找到一个方向，然后再开始织人脉网。但等到把网织好后，飞进网的是一只螳螂、苍蝇，还是蜜蜂，创业者不知道，但是他相信这个地方好，早晚会有猎物飞进来。"带队伍"的意思是说开始收起网络，把潜在的资源变成动员的资源，最后创业者组合这些资源开始攻击猎物。

当团队不够强大的时候，最大的问题就是螳螂飞进来了，却不敢去抓它，太大的猎物反而把网弄破了。在没有准备好的时候，机会永远不会是机会。所以带队伍的意思就是如何能够把人脉网中的资源变成可动员的资源，最后形成一个攻击力道，让猎物变成机会。

虽然布局是一种建构性创业的思维，着重于对瞬息万变的情势的适应，且由于未来不可预期，因而不设定具体明确的战略目标。但是，布局的思想更强调对方向的掌握，

复杂

在开局时胸中就有全局,虽无目标,但有方向。这就像两艘船,都不知道明天、明年会到达哪里,但是一艘船方向明确,而另一艘船凭着已知的经验、已有的技术条件在沿岸摸索。结果就是有人发现了新大陆,有人却始终在亚欧大陆沿线往返。

布局无闲子,蕴大局于初始

布局的前提是定方向,而定方向的前提是审时度势。

布局是一个过程,是一种在变化中创造关系、适应关系的行动逻辑,它瞄准的是一个组织长期的复杂适应,追求的不是一城一池的得失,而是依靠在棋盘中诸多关键位置主动或被动地放置一些棋子、放弃一些棋子,从而让棋子与棋子之间形成一个整体效应。单个棋子虽然难以显现威力,但是布局在不同位置的棋子在恰当的时候建立联系,就能够事半功倍。否则,到关键时刻,棋手会有"如果当初在这个地方放一个棋子该多好"的悔恨感。布局应无闲子,蕴大局于初始。开局以后,棋手其实面对着高度不确定的环境,他无法预知整个局势。在过程中,很可能会被对方

第八章 布局：信息时代的战略

打乱最初的计划，要尽快调整，用最适宜的阵法摆出自己的阵容。所以，这和企业家在开创事业之初非常像，都是试图在不确定中稳扎稳打地将各种有利的要素布置起来。

可以说，布局视角的提出，既有对当下不断变化的现实的应对，也有对长远、宏观方向的掌握，也就是对全盘大势的掌握。传统的战略思维、建构性理论、布局的视角，三者并无优劣之分，因时机与外在环境需要而定。但是作为一个希望在未知且高度不确定的环境中开创一片天地的创业者，或许需要多一点布局思维。毕竟在未知的新天地，布局让人尽量避免被表象迷惑，能够通过对大局的把握让自己在充满不可测的未来占得先机、争取主动。

把布局运用到创业中，是因为仔细分析起来，创业者与棋手有诸多相似之处。在开始阶段，一切都等于零，只能依靠有限的棋子（资源）以及自己对局势不断的观察。开始之后，不论是棋盘还是现实商场都变幻莫测，一方面要巩固维持既有成果，另一方面要根据形势变化捕捉机会来获得新的成果。许多企业帝国的缔造，都经历了抓住现存机遇、利用现有资源，最终实现壮大的过程。在

复杂

这个过程中，心中有局还是心中没谱差别很大，后者成了机会主义行为，前者才能有守有攻、有取有舍，让格局决定结局。

创业者在开创初期运用基于自身现有条件展开的布局思维，可以在未来的路上布下关键的棋子，在一路发展的过程中争得主动权。简单来说，布局不是看准一个战略而调动资源完成这个战略行动，而是掌握了大势，看准了一个方向，对战略目标与行动保持较开放的态度，权衡已有的资源，布下可能用到的资源，争取将来可用的资源，最后才拟订出一系列行动计划，完成一系列战略目标。

掌握方向，就要掌握大势，在大势所趋的路上布下人脉，才能等到良好的机会，这正是布局起手式的要点。

定方向与"刺猬三原则"

那么，创业者在观察大势之后应当如何摆出自己的阵法？定方向还是要倾听自己内心的声音（这是动机的来源），并审视自身的能力，认清自己的人脉，这是组合资源的基础。创业是一个觉察、动机、能力与机会的互动过程,在定方向时,一定要兼顾动机与能力。

图 8-1 改自吉姆·柯林斯在《从优秀到卓越》[①]中谈的"刺猬三原则",为什么称为刺猬三原则?因为狡黠的狐狸遇上了笨笨的刺猬,都是失败而返。刺猬什么都不会,只要遇到危机就蜷成一团,刺针向外,就能逼退敌人、得享天年,是最"可持续发展"的动物。定方向也要有如此的定力,以不变应万变,短期目标可以变,政策可以变,制度可以变,但战略方向要有定力。柯林斯认为,一家基业长青的公司一定在定方向时兼顾三件事——愿景、能力与价值。

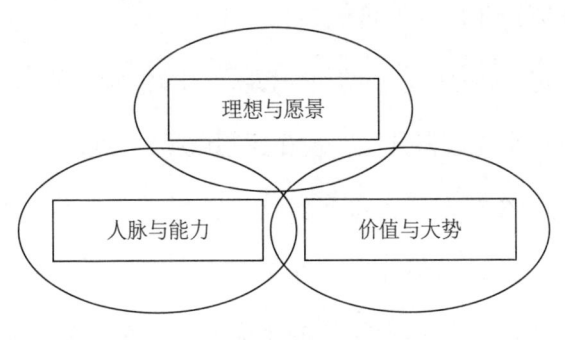

图 8-1 "刺猬三原则"示意图

---

① 《从优秀到卓越》一书已由中信出版社于 2009 年出版。——编者注

复杂

　　同样，一个创业者在定方向时也会注意到这三件事。一是符合自己的理想与愿景，这是动机的泉源。自己愿意奉献一生的工作，才能有源源不断的热情去观察与把握机会。二是要问自己的能力与人脉。机会是不定时甚至完全意外出现的，自己胜任的工作，才能被有效掌握；勉强行之，必不长久。同时，自己人脉所达，才能把握住机会，柳传志所说的带队伍正是这个意思。三是价值与大势。一个机会要能对别人产生价值，才能有消费者，否则仅是自己的兴趣、理想、能力所及的东西，终究只会是自娱自乐。大势，则是未来的价值。预测大势，提早布局，就能在未来产生巨大的价值。

　　在定方向之前，不妨想一想以下几个问题。

　　你从小立志做什么？现在还想做吗？你最向往的人生图景是什么？你现在最想做什么？想了多少年？为什么还没有去做？当你死后，你希望别人在你的墓志铭上写什么？也就是当你无法控制生命时，你期待别人如何看待你？

　　这些问题关乎一个人的人生价值观，并不是说创业者或系统领导者必然要有一个"高大上"的理想，而是你觉得什么样的人生是值得的，至少，你能忍受吗？一个找不到意义的工作，即便努力后有所小成，也无法持久。

你过去在哪一个行业待的时间最久？你认为自己最擅长的工作是什么？你做过的最成功的项目是什么？你的能力所及范围，有没有什么用户需求还没有被满足？当你打开自己的电话簿与微信群，列一个名单，你认为哪些朋友将来会在工作上对你有所帮助？他们分布在哪些职业或行业？

这些是关乎能力的问题，随着一个人人脉的扩展与自我学习，能力是会扩张的。所以隔几年就不妨再回答一次这些问题，以便了解你胜任的领域有哪些。

如果少了愿景与能力，就算掌握大势，在风口上猪都能飞起来，但飞起来的猪还是猪，等风停了，跌下来的猪比没飞起来的猪还要惨。只有在风到来之前就定下方向、明确愿景、练就能力的创业者，才能从雏鸟进化成苍鹰，从苍鹰进化成大鹏，最终一飞冲天。

资源，在网络化的社会中，最主要的就是关系。运用布局思维，让创业者明白如何在所处的社会网络结构中获取创业路径。对于关系主义导向的中国，创业者如何对社会网络结构的变化进行复杂的适应，或许更具有指导意义。

什么样的社会关系网络结构有利于创造机会呢？对社会网络和经济社会学进行极为深入研究的马克·格兰诺维特教授提出了著名的人际关系的"弱连带优势"理论，认为并不深厚的人际关系（"弱连带"）反而可以有更强有力的信息传播能力，从而更有利于发现机会。换句话说，一开始营造更多弱连带的网络关系，也就是建立更多"疏网"的结构、保留更多结构洞，将蕴藏更加多样的机会信息。

但是，有的机会信息即便被你掌握，也不一定能够被你利用。因为显而易见，如果两个人的关系不够深厚，相互之间的信任扶持也会大打折扣。所以，机会的真正利用，还是要依托非常紧密的关系（"强连带"），才能动员到足够多的资源加以实现。这就是社会网学派的另一位大家科尔曼强调的紧密网络的功能，即只有在一个密网中，才存在强大的信任，容易合作，也易于在需要时调动更多的资源。如何同时掌握密网与疏网并动态地调整它们，是一个创业者必须具备的能力。

所以聪明的创业者会审时度势、掌握趋势、取势定向、事先布网；左手广建弱连带，在大势所趋的路上广撒疏网，以捕捉机会；右手则在可能的机会点上凝聚强连带，建立密网，动员相应资源将机会变成事业。

围棋棋局中有很多点是你本无意占据的，只是随着形势变化，应景地放置于此，但是高手们通过对大局的把握，通过整体布局，往往又会把一些弃子盘活，甚至一些看似随意放置的废子，到后面也会成为整个棋局的关键。

同样，创业者布局社会网络，原则上，一方面要尽可能大，另一方面要尽可能效益最大化。一是个人的时间是有限的，社交时间也是有限的，注意力更是有限的，这就是为什么邓巴数字总是保持在150人左右，不因社交工具的发达而变化。没有方向、纯粹机会主义地广撒网，终将收获很少。所以社会网络中有意建立的一些关系、着意布局的几个点，应当尽可能优质、关键。二是不宜计算过度，人际关系过于功利化、过分重视短线的利益，终将失去长线的布局。对于那些偶发性的关系，或者是原有的社会网络，也应尽量维持，再尽量尝试发现其中可能存在的价值和机遇，从而盘活社会网络中的资源。

下面以一个大家熟知的阿里巴巴的案例来说明，建立于自组织理念之上的平台型公司应如何定方向。

马云曾说，阿里巴巴要使天下"没有难做的生意"。

"没有难做的生意"使得阿里巴巴的资源有了投射的方向。在网上，什么让生意变得难做？物流不好？小网店贷不到款？线上支付太困难？消费者怕买到假冒伪劣商品？生意困难之处就成了阿里巴巴开始布局之处。

平台化是阿里巴巴所有业务的未来。从最初的B2B（商家对商家）商业模式、"中国供应商服务"，到发力C2C（个人对个人）——淘宝网上线，推出第三方支付平台支付宝，再到收购雅虎中国和口碑网，以及致力于企业商务服务。近20年里，阿里巴巴经营了一个底层的网络结构，让众多网店在平台上自组织、自成长。这个平台创造了一个生态系统，造了一个自由成长的"势"出来。要经营这个越来越巨大的生态平台，就需要一个支持体系，可以说是平台上长出的森林茂密的操作系统，保障了生态系统的顺利运转。但这是一个在不断自我调整的层级体制，因为平台上的各个自组织会因应外界环境的变化而自我发展、自我转化，生态系统是自由生长的，所以操作系统也要快速变化以顺应形势。要厘清阿里巴巴的组织结构沿革是一件极为复杂的事情，阿里巴巴的组织结构也不断地发生着调整和变化。不管是为了扫清随着快速增长带来的内耗冗余，还是为了更好地与其他电商竞争，阿里巴巴的组织机构变革都是随势而变的。

布局的前提就是"审势"，看到系统中最主要的力量才能掌握全局的方向。阿里巴巴很早就意识到，对于中国来说，中小型企业的电子商务更有希望。电商平台的繁荣，除了广大的消费者，更有赖于另一个用户群落共生共存，那就是遍布在1688网站、淘宝网上的千千万万的企业用户。正因为如此，阿里巴巴最初就开始了对中小型企业电子商务服务的布局，包括逐一推出阿里小企业业务和阿里云服务等业务，逐步打通了这些电商所需的周边服务。

按照阿里巴巴多年来的一贯做法,任何产品或者营销都是为了服务于平台,随着时间的推移,阿里巴巴多年来的布局成果逐渐显现,战略线条越来越清晰:电商、物流、金融、云计算、广告五大子平台彼此自组织、自运营,同时在一个更大的生态平台中环环相连,彼此不可或缺,成为所有小微电商的支持体系。基于大数据分析技术的布局阶段可以预见,阿里巴巴未来会成长为提供电商信息和战略规划的智库,是具有战略意义的新平台。

一个清楚的方向指导了一家原本只是经营B2B与C2C网站的公司成为一个商业生态系统。

第九章

取势：
把握复杂系统的动态平衡

强弱关系的资源转化

有眼光、有远见的布局，在等待势起、机会出现的同时，聪明的创业者也会"勤练内功"。在机会还不明显时，创业者要知道造势相机，不断地创造弱连带，建构疏网，在其中发现机会。

当机会涌现时，创业者要懂得趁势而作。"作"就是开始行动，它需要有强连带以动员相关并且有价值的资源，需要一个强大的团队精诚合作渡过一个个难关。所以如何将固有的强连带活化以为己用，又如何将弱连带强化为强连带，具有布局思维的创业者已经在机会之窗打开时布好了相应的密网。

强连带、弱连带的关系并不是一成不变的。如费孝通所言，西方人是团体格局社会，其人际关系较多建立于天生的属性，按阶层、种族、宗教、血缘、地域等来划分社群，不容易转换。中国作为差序格局的社会，是以自己为中心、以家伦理的法则开始外推，可以将关系越扩越大，从而把大量的陌生人变成弱连带，再将最有价值的弱连带转化为强连带，越拉越近。这是中国人具有优势的一点，在拉到更多关系，以及将弱连带转化为强连带的过程中特别得心应手。如果创业者（此时可能已经是一个小系统的领导者）注意掌握这个强弱连带转化的动态过程的平衡，就可以左手掌握大量资源，右手掌握源源不断的机会。

简而言之，弱连带和疏网带来机会与信息；强连带和密网带来团队合作，以转化利用机会。拥有布局的思维，要求创业者一方面能够利用手中现有的资源和条件着手事业，另一方面能够在瞬息万变的形势中拓展网络关系，发展并抓住机会。布局思维要求创业者随着时间和时机的变化，调整疏网和密网间的组合；要求创业者打破现有的格局，克服僵化问题，寻求更多的突破。

疏密关系管理：从寻找机会到利用机会

创业维艰，守成亦不易。趁势而起，建立一个圈子、一家公司甚至一个系统之后，不管当初布局得多么有远见，起手式多么漂亮，系统的初期发展多么好，一段时间之后，一个系统要成长、发展甚至只是生存，仍然面对着不断变迁的外在环境，必须不断演化，应势而变，因势利导，才能基业长青。

世界上最大的在线零售巨头亚马逊公司起初只是一小伙人，将一箱箱的书从华盛顿州的贝尔维尤运送到各地买家的手中。

亚马逊一共经历了三次业务结构转变：第一次是成为地球上最大的书店（1994—1997年）；第二次是成为最大的综合网络销售商（1997—2001年）；第三

次是成为最以客户为中心的企业（2001年至今）。确立以客户为中心这个目标，便是亚马逊通过多年发展、分析内外部环境而抓住的"势"。为此，亚马逊从2001年开始大规模推广第三方开放平台，2002年推出网络云计算服务（AWS），2005年推出Prime会员增值服务，2007年开始向第三方卖家提供外包物流服务——Fulfillment by Amazon（FBA），2010年推出KDP的前身——自助数字出版平台Digital Text Platform（DTP）。亚马逊逐步推出的这些服务，都是布局并超越了网络零售商的范畴，使它最终成为一家综合性的服务型企业。之后，亚马逊仍然无条件地聚焦于增加新的品类，包括发布Kindle电子书和在全世界范围内增加新产品。

另外，值得一提的是亚马逊的收购策略。1998年亚马逊开始尝试开放战略，收购了英国的一家网上书店Book Pages（如今已是亚马逊英国），建立了音乐商店，以及收购了三家数据应用网站（IMDb、Junglee、Planetall），分别从三条产业链布局，为其后的图书、数据、音视频电子业务扩张奠定了基础。自 2014 年起，亚马逊开始布局生鲜战略，以 2000 万美元入股上海美味七七，进入中国的生鲜市场。

亚马逊的商业模式是：依靠亏损的自营业务吸引用户，形成护城河，靠集市平台的收入和其他收入获得利润，之后再把利润全部投入新产品和新服务的研发创新。无论是电商平台，还是后发的云计算服务，均是如此诞生。如今，亚马逊的 AWS 云计算已经成为知名度最高的云计算服务平台，并且在 IaaS（基础设施即服务）领域占据领导地位。

亚马逊对于新产品和新服务的研发创新一刻都没有停止过，亚马逊自身商业模式的布局，确保了它在每一次察觉到机会来临时都能够将其把握住。当然，在研发每一个新产品时并不知道它会不会是下一个 AWS，但正是由于未来的不可预期性，对于机会的觉察和行动力才尤为关键，即"虽无目标，但有方向"。

不过，一方面，我们要看到密网可以带来的正面效应，比如强有力的资源调动；另一方面，我们要警惕密网有可能反向演化——过于亲密的关系带来过度需求，这往往使系统产生惰性，难以创新并改变。

社会学的研究表明，密网往往需要人们承担更多的义务、消耗更多的资源、付出更多的资源。有些密网在发展到后来反而会出现冗余，成为负担和危险的关系。适时消除这些冗余，对于创业者来说是一个挑战，这就是学术用语中的"脱耦"。比如很多家族企业，众多的亲属关系在早期是资金和人力来源，依靠家族人际网络和亲缘关系组成创业班子。在草创之初，因为亲密的网络关系而密切合作，使企业走向成功。但在企业规模扩大之后，往往会为家族网络关系所累，无法推动适应企业变化的改革，从而走向失败。当一起创业的家人威胁到组织生存时，可以采取从复合关系（家人、合作伙伴）转变为单一关系（家人），终止合作，减少风险，这需要学会适时从密网中抽离出来。如何在脱耦之时保持人情与面子，这是关系管理的一大智慧。

疏网与密网也不是一成不变的，原本的疏网可能会由于频繁的交流逐渐变得紧密，原本的密网可能由于联系减少而变得疏远。格兰诺维特提出的平衡耦合和脱耦理论，让我们明白了应对疏网与密网转换的措施。所谓耦合，就是加强亲密关系，加强个人社会网的密度。当出现负面的过度需求时，就要学会脱耦，使网络变得松散以消弭负面的紧张关系。

创业者或系统领导者，在社会网中的布局，需要将个人社会网由疏转密的耦合过程与由密转疏的脱耦过程有机结合、相辅相成、应势而变。这包括两方面的平衡：一是在时间维度上，要在疏网的基础上建立紧密的社会关系，一段时间之后又要从密网中抽出身来，拓展更多的发展机会。换言之，在疏网中寻找机会，之后又在收缩疏网、加强密网的过程中充分巩固、利用机会。

二是在网络子集上，一个行动者会有各种各样的关系网络——亲人、同事、社团、商业伙伴或政治联盟，以及不同产业、不同行业。这些不同的社会网络子集可能联系得不太紧密，个人的人脉网络就是由这些不同的网络子集组成。行动者可能在某一子集上形成密网，却在另一子集上形成疏网，比如，一个创业者可能在降低政治性的网络密度的同时增加经济性网络的密度。这就像在围棋行棋中，在某一时刻，可能要围绕某一关键区域集中力量抢占。一旦时机一过、局势一变，曾经的关键区域可能不再那么重要，注意力自然会转向其他区域。

格兰诺维特认为创业者的主要职责就是做到平衡耦合和脱耦。从这个意义上来说，创业者的布局就是利用自身已有的条件，一方面不断拓展自己的社会网络；另一方面，有效地管理好自己社会网络中的疏密关系，在疏网与密网之间自如转换。这是创业者最重要的能力，为什么？当创业者脱耦的时候，才能使"结构洞"越来越多，才能出现机会。如果想要把握机会，就要有团队、人脉和动员能力，于是要有耦合能力，把它的局部网络收紧，找到密网，形成一个团队或一个圈子，才能组织这些资源把握机会。

所以创业者可能一边在脱耦中发现了机会，一边在耦合中组织资源。比如，他一阵子在A产业中脱耦，以寻找新机会，一阵子又在B产业中耦合，以把握机会。一个好的创业者必然不断地耦合和脱耦，在有效转化的过程中，一

第九章 取势：把握复杂系统的动态平衡

个个机会才可以被创造并被把握住。

在创业浪潮中，成功各有原因，失败也有规律可循。在高度不确定的环境中，为减少失败的概率应多运用一些布局思维。一方面，这要求创业者关注网络关系，并织就一张包含大量机会信息的关系网。在开创企业之初理清思绪，准确地分析自己的基本条件，掌握住大势以定方向，在创业之路上布下人脉。然后，灵活地在关系网络中发现机会，而不是封闭在一套计划之中，在利用机会的同时造势创建新的机会，一步步地让关系网络和机会沿着一个方向共建共生。

另一方面，创业者往往难以事先判断新关系的价值，却能在创业过程中利用信任和承诺扩展其社会网络，增强其部分网络成员之间的互信和依赖程度。在这样以信任和依赖为主要纽带的紧密网络中，企业可以获得自主性组织资源和团队，最后把握机会。

与传统战略相比，创业者更需要用布局的思维方式和行动逻辑来处理社会网络关系，以把握更多的发展机会。布局不是毕其功于一役，不是争一城一池的得失，而是一个长期、动态调整的视角。

有几点值得特别注意。

第一，布局思维不可以取代传统的战略规划。当每一个机会出现时，创业者还是应有一个详尽的战略，以指导后续如何提高能力、调动资源，以及确定达成目标的每一个步骤。必须要努力，尽己之力；做不成时，再考虑"不吊死在一棵树上"。一个没有战略规划的行动者，往往不会尽己之力，很容易就放弃，以为自己布局高妙，实际上最后一事无成。

第二，并非只有创业者才需要布局思维，信息时代的高科技、互联网产业不同于工业时代的工业，外在环境瞬息万变，不确定性很大，随时需要重新布局。马云总是说，虽然阿里巴巴强大了，但他还是战战兢兢。这不就是创业维艰的思维吗？

布局是关于平衡的一种独特且微妙的行动逻辑。社会网络的演化有其自然发展的路径，人在其中不是无所作为的。善于布局的创业者并不总是费尽心机地经营关系网络，也不会对关系构建放任自流。成功的创业者会在一个指导行动的架构下，综观全局大势，拟定自己的方向，善用偶发的关系，佐以有意图的行动，争取一些新关系，活化一些旧关系，编织一张机会丰富并具备相应资源的个人中心关系网。一如中国画中的泼墨山水，在随机的墨迹中辅以随笔的雕琢即成佳品；也如在围棋中，依据时时变化的局势和布局思维神来几子确定大势。

创业者的资源有限，团队力量弱，外在环境瞬息万变，所以特别需要综观局势、提前布局。一个系统的领导者又何尝不应如此，虽然他的系统资源较多，有一定的能力影响周围的环境，但在高度不确定的信息化、全球化社会中，远在海角天边的小扰动可能在短时间内变成"黑天鹅"。系统领导者依然面对高度的不确定性，更要审时度势、综观全局、取势定向、胸有成竹。他还要趁势而起，为系统把握新的机遇，应势而变，才能使系统常获生机、生生不息。

在这一过程中，创业者或一个系统的领导者，都需要秉承开放的心态，接触不同的网络与机会，不断打破已有的格局。网络在疏密之间跳跃，组织在现有的"局"中发现机会，也在"局"外探索机会。布局的时间演化特征暗示了创业者并非全知全能，但可以对未来进行全盘规划与设计。他需要感知到可能出现的机会与风险，尽自己的努力，听从内心的召唤去行动。这并不代表创业者总会正确，也不代表总能获得回报，他要懂得小步快跑、迅速试错、自我迭代，在关键时刻能够辨识冗余和危险的网络关系，能够牺牲短期利益，承受风险，重新凝聚力量，能退能进。这就是布局者应具备的领导力。

事实上，中国民营企业发展至今的30多年里，多数企业的成长遵从了自发演化的自组织规律，过多的密网导致衰败、因密网欠缺导致资源动员能力不足的现象在市场经济的发展中司空见惯，那些基业长青和顽强生存的企业往往顺应了网络自发演化的特征，同时，也巧妙平衡了疏网与密网。现代的系统领导者面对的是高度不确定的环境，很难在"成事"之初就有明确的路径。成功的系统领导者总能在外在环境大势的变化中看到一系列机会，并铺垫出"成事"所需的一系列资源，直至成功。这就是布局者的智慧。

在这一波创业浪潮中，由于互联网对人际关系内容的改变，相比以往的创业者，新的创业者拥有更多的机会和可利用的弱连带关系：如果缺少资金，可以寻找天使投资，也可以众筹；如果缺少创业伙伴，可以通过互联网或类似于3W咖啡馆这样的创业空间来帮助人们快速寻找志同道合的人。在北京等一线城市，像优客工场这类的联合办公空间更是极大地增加了创业者的弱连带关系机会，不仅帮助创业者解决资金、团队问题，更在创业公司之间搭建起多种"桥"，从而使资源互用。

从传统社会到信息时代，关系的内容有了很大改变，值得我们深入了解其中的变化。中国人的一些行为本质以及关系网络架构却没有太多变化，比如布局思维依旧是创业者或系统领导者最需要的。

手机QQ：复杂系统的创新演化

因势利导，一个系统才能强健，才能基业长青。

对外，系统领导者在高度不确定性、快速变迁的环境中，永远是一个创业者，同样需要审时度势、把握机会、提前布局、趁势而起、应势而变。同时，他也要掌握系统的内在演化，因势利导，这包括一系列的工作。

2007年，美国顶级管理学期刊《管理学会期刊》（*Academy of Management Journal*）刊出了一篇多年追踪单一案例的研究文章，名为《异外的剧烈变革：小扰动的涌现与扩大》[①]，成为以复杂思维看组织变革的一篇代表作，得到了美国管理协会的年度论文奖。它研究了一个教会从宗教团体转型成为慈善团体的过程，起因只是城市变迁造成中产阶级的教友数量变少，教会为了吸引教友让一些底层人士来教会接受救济。这两股力量既相生———一些人会因为教会的慈善行为而受到鼓舞，增加捐款；也相克——一些教友不喜欢资源被不同阶级的人所占用，他们会抗议甚至离开。外在环境则提供了一点政府资金鼓励照顾底层人士的慈善行为。两相激荡，最后教会从量变到质变，发生了本质上的变化，成为慈善团体，重获新生。

---

① Donde Ashmos Plowman, Lakami T. Baker, Tammy E.Beck, Mukta Kulkarni, Stephenie Thomas Solansky and Deandra Villarreal Travis, 2007, *Radical Change Accidentally: The emergence and amplification of small change*. *Academy of Management Journal*, Vol. 50, No. 3: 515-543.

第九章 取势：把握复杂系统的动态平衡

对于这个过程，作者普洛曼等人总结了一些重要的关键变迁因素，其中包括：内部连接——部件与整体的连接，自组织或部分组件与外部环境间的关系，局部、边缘的创新与创新扩散，小过程撬动大转变——有一个将小影响扩大的"放大器"，正负反馈——势的动态平衡，以及观察常态还是非常态的系统。这6个因素在复杂系统的演化中是什么意思呢？

综合本书的论点，以及普洛曼等人的观点，我为复杂思维调控系统演化总结出下面的过程。

第一，内部连接——部件与整体的连接。复杂思维首先要考察一个系统的网络结构，经常鸟瞰整个系统的网络结构，进行网络结构分析。系统演化是行为与结构共同演化的结果，所以只注意各个子系统的行为发展是不够的，还必须重视系统内个体与个体之间、子系统与子系统之间如何连接。

第二，培养自组织。如第六章中讨论的，系统领导者要以授权与赋能的方式建立自组织与演化的体系，因为自组织是系统自我创新、自我适应的动力来源。

第三，内部自组织或部分组件与外部环境之间的关系——内部自组织会因为外部环境的变化而自我发展，这是创新的来源。所以只有开放，才能带来创新，内部组件与外部环境有多大面积的接触，决定了内部有多少创新机会。有了创新，才会带来变革。

第四，局部、边缘的创新与创新扩散——创新与自我改变常常来自边缘的、小的自组织，一个系统的核心部位会比较保守，以维持系统稳定。较中心、大的自组织往往受到系统内部力量的巨大影响，以及对过去的成功模式有所依赖，因此在创新性上不如外围的自组织。当产生边缘创新时，别立刻将其扼杀，"让子弹飞一会儿"，可以测出这个创新的价值，提供创新扩散的机会。

第五，构建良好的网络结构——强健的网络结构有利于创新扩散。第七章谈到硅谷的网络结构特质，比如有些密又不太密，有些集权又不太集权，有层层向上连接的中心又是多中心的，都是既有利于边缘创新的发生，且被保留下来，又有利于众多创新之间能有比较、有竞争，把好的创新传播出去。

第九章 取势：把握复杂系统的动态平衡

第六，小过程撬动大转变。什么是"放大器"？小小的创新为什么最后能变成大的风暴？一个边缘创新在开始时常常只在其周围传播，到了一个引爆点，才突然传到主流人群中，引发广泛影响。引爆点是什么？它在系统复杂网中处于什么位置？传播的过程是什么？它们扩大边缘创新的影响机制是什么？这些都是复杂思维要分析的。

第七，观察势。不同力量的变化在系统外部与内部不断相互激荡。在众多的边缘创新中哪些成势了？它们如何因应外在变化？如何牵引系统的改变？它们既受现有网络结构对其传播的限制，也会塑造新的关系、圈子以及子系统，使系统网络动态变化。

第八，正负反馈。势的动态平衡，意味着各股势力之间会相生且相互竞争，各类创新之间、创新与反创新的势力之间都会相互拉扯，有进有退，从而反馈给系统。一股强大的势力，常常引起另一股势力反扑。系统领导者要找到其平衡点，调控其动态发展，正如第七章复杂系统演化的示意图所示（见图7-1），如果平衡不当，不是造成系统死寂，就是导致系统崩溃。

第九，转折点在哪里？如第七章复杂系统演化的示意图所示，如果两股力量相生相克，只有掌握动态变化中的转折点，并有效调控，才不会激化两股力量的对立，避免分裂、内耗与崩溃。当然，也不应让左右摇摆幅度太大，否则系统会更加不稳定。

第十，观察常态还是非常态。在系统的常态发展中，系统领导者要以四两拨千斤的调控艺术动态平衡各股势力，不要折腾，避免对立，也不要扼杀自组织、消灭多元连接，进而扼杀创新，导致系统死寂。但是当一个旧系统已完全不能因应外在环境的变化时，系统领导者就要用创新性破坏的思维，有定见、有魄力，加强支持创新的力量，破坏旧的势力，顺势一推，将系统推入新的生命循环和网络结构中。顺利地演化往往给系统成员带来较小的痛苦，比系统的全面破坏和再建阻力小、见效快、折腾少。

把这个过程扩大，就让我们看到中国改革开放在地方上不断涌现出的一些新的经济发展模式，无论是小岗村的包产到户、华西村的集体企业、义乌经验中前店后厂的小商品产业链，还是苏南经验的引入外资，都是社会上的

"小扰动",地方政府"敢为天下先",扩大了"实验",最后撬动了大转变,并将创新经验传播到全国。至今在城乡统筹以及社区建设等改革上,我们还是能看到这样的民间自发"实验",应多一些"实验区",多个实验各自探索,总结经验,管控风险,直至推广。这正是复杂思维中系统演化的过程,在改革开放的历史中一次又一次出现。

在《腾讯传》中,吴晓波记录了另一个故事——手机QQ的变革,这个故事很好地诠释了系统内部的创新演化过程。

> 在移动互联网的浪潮之下,腾讯的移动产品不仅受到外在竞争对手的挤压,更重要的是内部产品的互相竞争。手机QQ 4.0版本在2013年5月上线,此时距微信2011年1月的正式发布已过去两年。相比于微信上线后433天用户过亿的历史性增长,手机QQ 4.0在上线后遭到了用户的疯狂投诉。所有不满都指向新版本的一个调整:取消了在线、离线的状态显示。这个调整的初衷,是希望让QQ具备随时可沟通的认知,而

离线状态这一认知会阻碍用户的留言动机。收到剧烈吐槽的反馈之后，QQ的产品团队迅速推出了优化版进行回调。但腾讯公司认为这是一次有价值的试错，表达了手机QQ尝试深度移动化变革的决心。

不同于拥有移动互联网基因的微信，手机QQ需要从PC端艰难地转移到手机端，是否还有机会？在过去几年，这个问题一直存在争议。在种种质疑中，QQ采用"小步快跑，试错迭代"的策略，陆续推出了QQ手游、QQ阅读、QQ钱包等新功能。2014年4月，QQ的同时在线用户突破了2亿，其中移动端登录账户超过七成。QQ最终找到了自己在新时代的差异化路线和年轻打法。对于手机QQ来说，虽然未来的最终目标不可预知，但前进过程中的每一步都在不断调整，通过用户的反馈进行迭代。"小步快跑，试错迭代"的策略正是我们在第七章中提到的复杂适应系统"转化型目的论"的体现。

可以说，QQ的移动互联网化是微信创新的"传播"。腾讯不以手机、PC区隔，而是让微信和手机QQ

互相竞争,微信对整个互联网用户的分流,反而让手机QQ用户的"年轻"这一特征再次显现,最后才演化出手机QQ聚焦年轻用户群体的娱乐化社交平台的定位。微信和手机QQ看似是一对矛盾力量,但腾讯帝国正是在这样矛盾力量的相融与平衡中建立起来的。一个有活力的组织系统,需要既有稳定的力量,也有变化的力量,系统中的子系统既有竞争,也有互利,就如同微信和手机QQ——"既相生,也相克";既竞争,也相互导流和资源互用。

手机QQ这个案例,体现了如何用复杂思维调整内部系统,因势利导,帮助复杂系统内部进行创新和演化。

微信是一个边缘创新的良好范例。试问,各位系统领导者,你的系统中还有边缘自组织存在吗?它们还有边缘创新能力吗?

微信与手机QQ正好是正负反馈的良好范例。试问,各位系统领导者,你的系统中能够让不同的力量同时存在、相生又相克吗?

手机QQ的新定位则是微信基因创新传播的良好范例。试问，各位系统领导者，你的系统中会有创新传播的良好复杂系统网络，使得创新能够传播吗？

最后，手机QQ以新定位再度崛起，说明了它会成为创新传播的"扩大器"。试问，各位系统领导者，你的系统中能培育出这样的扩大器以帮助系统转型吗？

2014年5月，腾讯进行了第四次组织架构调整，整个系统完成了转型。在移动互联时代，把移动互联的基因融入系统之中，因此与其他互联网公司拉开了竞争差距。

结 语

本书中谈到复杂系统治理之道，举的例子、用的理论，有的来自巨型系统（如一个地区），有的来自大型系统（如一个平台），还有的来自一个小型系统（如一家企业、一个协会或一个社区），当然，谈得最多的是创业者在创业之时建立系统的布局与取势。用复杂思维看一个系统的治理，虽然不同类型、不同规模的系统之间一定会有差异，却有共通之处。这正是未来社会科学与管理研究者需要努力的方向，我们在这里只能总结出复杂思维的一个轮廓。

第一，复杂思维看到的不仅是个体与个体的动机和行动，更要看个体之间的连接。第一部分谈的关系与圈子正是一个系统的复杂网的基本要件。

第二，复杂思维注意系统演化的重要轨迹，在结构中寻找非线性发展的迹象。第三章论述了分析系统的改变是行动与社会网络结构共同演化的结果。

第三，复杂思维要分析系统本身的性质，以及其和外在环境之间的关系。好的治理一定是市场、层级、自组织三者相生相融，且不必以自组织为主，依赖系统领导者的分析与洞见，选择最主要的治理模式，再辅以其他治理。对一个创业者而言，复杂思维提出了自组织的过程。"没有员工，只有伙伴"，所以应重视信任关系的建立与圈子的经营。第五章以治理的观点分析了自组织的机制与适用的环境，同时点明了自组织作为治理机制的核心内涵。

第四，复杂思维"超越控制"之外，注意到了系统自我演化的可能性，所以会鼓励系统内的自组织。自组织过程最后要建立共识，协商出自治理机制，才会有可持续的集体行动，有效地应对环境的挑战，最终带来创新。对一个系统领导者而言，复杂思维排除了用控制的手段去"制造"自组织，而是要求系统领导者用授权与赋能的方法培育沃土，好让自组织发生与成长。第六章分析了系统领导者应如何培育自组织，以及自治理机制的建立，同时讨论了系统领导者如何在系统之内培育自组织。

第五，市场、层级与自组织三种治理模式之间是动态平衡的，善治就要分析是否失衡，在失衡之前调控回来，否则系统会失控并失序。好的系统一定会"不同带来连接，连接带来不同"，这可能会违反人性，因为人都是物以类聚、党同伐异的。但复杂思维要让系统领导者既鼓励多元，也鼓励连接，只有多元、连接才容易创新。只有完备地建立了一个系统的愿景、价值、鼓励与规范自组织的正式与非正式制度，多元力量才不致失控。复杂思维还要分析"势"，尤其是多元力量之间的相生、相克与动态平衡。在系统演化过程中，要注意系统处在常态中还是非常态中，并分析"势"的拐点在哪里。"势"有消长，否极则泰来，正负反馈会不断放大，平衡不好"势"，会引发反扑，甚至造成系统崩溃。第七章的复杂系统动态示意图分析了动态平衡的过程，解析了系统多元、连接与创新的紧密联系，以及复杂系统演化的主旨。

第六，复杂思维有布局的眼光，在预见"势"的发展过程中，预先在关键位置布下"棋子"，才会在关键时刻取胜。同时，自组织演化出来的系统，层层往上会有不同层次的子系统，复杂思维会分析子系统之间的网络结构，这决定了系统的可持续性。子系统之间的动态消长也可以看出多元力量的不同发展方向。这些和布局相关的理念都在第八章进行了探讨。

第七，自组织是因"实验"而创新出来的局部力量，掌握创新传播的网络结构，确定创新能产生且能持续产生成果，能让不同创新之间有比较、有竞争，不会因传播太慢而胎死腹中，也不会因传播太快而失控，给系统带来震荡。系统如在常态中，系统领导者要有四两拨千斤的智慧，在拐点前导引快失控的"势"回归平衡；如在非常态中，则要有创造性破坏的定见与魄力，加速转变，对旧的势进行破坏，以便于系统顺利转型。关于以上内容的讨论都集中在第九章，讨论的主题正是如何建立并调控复杂系统的演化。

结 语

复杂思维一定会重视数据分析的力量，尤其是大数据分析的能力。复杂系统中固然有很多"势"的交织需要一定的智慧与洞见进行判断，尤其在今天，社会网理论与复杂科学的发展其实还处于十分初级的阶段，对复杂系统的了解还很粗浅。但复杂思维绝非一些概念的堆砌，其背后有众多社会科学理论、数理模型以及分析工具。它不仅有启发价值，也有分析现实问题的能力，比如，找到拐点背后的因素、预测拐点的到来，就是现今学界努力的方向。

更重要的是，大数据的出现，使得过去这类研究只有理论和模型，不能实证的窘境得到改变。大数据可以在几百万、几千万人中间划分社会网，还可以收集多时点的网络图，这使得人们可以研究网络动态，系统中行为与结构的共同演化也因此成为分析对象，复杂系统的演化成为实证科学可以处理的议题。以分析结果辅导复杂思维，可以帮助我们理解这个"黑天鹅"到处飞的新世界。

回到前言一开场时举的例子，我们来思考一下，为什么"特朗普现象"会出现？这对美国这个巨型系统、对全球系统是一个好的答案吗？

这让我想起一位伟大的管理学家亨利·明茨伯格,我认为他是不多的几位以复杂思维看待这个问题的大家之一。他认为,良好的社会治理需要依靠三种权力:市场、政府和自组织,他称之为"社群",即小范围社会自组织的权力。只有三者相互平衡,社会才能健康运行。他指出,苏联解体后,美国右派学者曾一度欢欣鼓舞。日裔学者弗朗西斯·福山在20世纪90年代初写了一本书——《历史的终结与最后的人》,认为人类历史发展到现在已经达到最高境界,所有的大问题都已经被美国用"民主政治加资本主义制度"的方式解决,剩下的事情都无关紧要了。这本书出版后引起不小的轰动,也受到了很多学者的批判。之后几十年中发生的一系列重大事件,如"9·11"事件、2008年金融危机等都说明了,福山的判断是错误的。

其实,苏联解体的真正原因并不在于社会主义制度,而在于政府、市场和社会三种力量失衡了。美国的发展恰恰是由于其具有强大的自我调适功能,能够主动吸收社会主义制度中的诸多优点,如社会福利制度等。苏联则过于强调政府力量,消灭了市场和自组织,只剩下中央计划、政府管控的单一力量。苏联的计划经济体制取消了市场，一切依靠行政调控和配额，这一政策一方面带来巨大的管理成本，另一方面造成了资源配置的无效率。俄罗斯在历史上大多是东正教主导，教堂和宗教组织在协调社区事务上发挥着重要的作用。取消宗教之后，一切都由国家指挥，压抑了民间自组织的自由。这样一个国家，最后一定会出现失衡和各种问题。随着官僚系统越来越庞大和僵化，腐败问题开始在各个层级涌现，并开始向整个系统滥用权力的趋势发展，最终导致苏联解体。

明茨伯格同时极有洞见地指出，今日美国也有重蹈苏联覆辙的趋势。美国越来越强调资本主义和个人权力，其宗教和社区都在逐渐没落和解体。罗伯特·普特南在《独自打保龄球》一文中指出，现代美国人的生活方式变得越来越自我和孤僻，独自打保龄球的人越来越多，这正反映了美国社区力量的衰落和总体社会资本的下降。另外，美国的市场力量急剧膨胀，甚至到了控制政府的地步。比如，保尔森担任财政部部长时，其自身恰好就是制造金融风暴的美国投行的人马之一。即便在 2008 年严重的金融危机时，时任美国总统奥巴马痛批华尔街的巨头，他能做的也十分有限。由于政府官员背后都有赖财团经济力量的支持，因此政府行为受制于市场的力量。这种情况引发了金融风暴，使美国国力下降。

读者们可以想一想，以复杂思维回答一下，美国真正面对的问题是什么？美国失衡的情况，特朗普是答案吗？世界大势是什么？特朗普是顺势而为，还是逆势而作？信息化社会的发展未来是什么？特朗普经济学能解决问题吗？

当然也可以用复杂思维想一想，在深化改革与开放的今天，我们正在面对什么样的情境？要给出什么样的答案？